滋賀の
平成年表

1989–2019

サンライズ出版 編

京都新聞社 協力

目　次

凡　例

・滋賀県内の出来事は京都新聞の報道記事を参考にした。同社から情報および写真の提供を受けた。関連事項を独自に追加した場合もある。

・平成30年までは京都新聞がその年の「滋賀10大ニュース」に選んだ項目を原則としてゴシック体で記したが、立項していない場合や、前年か翌年に立項した場合がある。独自の判断でゴシック体とした項目もある。

・「滋賀10大ニュース」３位までを順に各年の最初に記し、黒丸つきのニュースの写真を右に掲載した。

・日付は「発生した日」「発表した日」「判明した日」などがある。

・同日に起こった別の出来事は「▷」で続けた。

・続報は（　）内に続けた場合と、別項を立てた場合がある。

・人名は敬称略とし、役職や肩書などは当時のものである。

・地名、団体・企業名などは当時のもので、おもに略称を使用した。

・施設・機関などの「完成」「竣工」「開館」「開設」「開業」「オープン」「開通」「利用開始」、団体の「発足」「設立」などは必ずしも統一を図っていない。

・文化財の「指定」「認定」「答申」「決定」などの区別をしていない場合がある。

・「過去最大」「日本一」などの表現は当時のものである。

・「○年ぶりに発生」などの表現があっても、○年前の出来事は必ずしも立項していない。

・見開き右ページ下の「どんな年？」欄の【本】はベストセラー本（トーハン調べ、総合１位）、【映画】はヒット映画（日本映画製作者連盟調べ、邦画・洋画の配給収入・興行収入１位）、【流行語】はユーキャン新語・流行語大賞作品からの抜粋。県外の出来事も含めて本書巻末に記載した参考文献を参照した。平成７年以降の【漢字】は日本漢字能力検定協会が発表した「今年の漢字」である。

平成年表

平成元年～平成31年

1989–2019

平成元年 1989

●滋賀初の宰相・宇野総理誕生（写真）
○越前海岸で落石事故、彦根の15人死亡
○琵琶湖訴訟13年ぶり判決、原告敗訴

▼稲葉稔 1

1. 8　県庁に天皇崩御の弔問記帳所を開設
1.22　信楽町長選で杉森一夫が初当選
1.24　蒲生町長選で安井一嗣が無投票再選
1.25　雄琴温泉街の新温泉源の設備工事が完成、通湯式
1.28　大雪注意報発令中の湖東町の名神高速で28台が玉つき事故、12人死傷
1.29　草津市長選で高田三郎が再選
1.30　びわこ空港建設をめぐる稲葉稔知事との初顔合わせで、蒲生町住民側が白紙撤回を要求
2. 1　八幡商が選抜高校野球近畿代表に
2.18　信楽高原鐵道が第３セクター以来の乗客100万人突破記念セレモニー
2.20　大津市伊香立(いかだち)のサイエンスパーク多目的タワー建設の調整費として1000万円を計上と市が発表
2.25　労働界の再編・統一をめざす「連合滋賀」の結成大会が大津市で
2.26　日野町長選で森田忠蔵が５選
3. 2　稲葉知事が琵琶湖総合開発の法期限延長を表明
3. 8　**琵琶湖総合開発の是非を問い、13年間争われた訴訟で住民側が全面敗訴**
3.23　湖西道路が約15年かけて全線開通
3.25　**大津市に龍谷大瀬田キャンパスが完成（4.11、理工、社会両学部の入学式）**
3.29　県立衛生環境センターの水質調査船「みずすまし２世」進水
4. 1　JR草津駅前に商業施設とマンションの複合ビル「Lty932」オープン　▷彦根地方気象台が伊吹測候所で山岳用自動地上観測装置の運用開始
4.10　県が日野町に空港対策分室を開設
4.16　**彦根市長選で井伊直愛の10選を阻んで獅山向洋が初当選**
4.22　大津プリンスホテル開業
4.24　自動車運転免許所持者が県民の半数に当たる60万人を突破
5.10　1986年度の県民所得が232万8000円と全国５位の高水準に
5.12　**大津市での参院選集会で社会党の山口鶴男書記長らを右翼が襲撃**
5.13　県庁が第２、第４土曜日閉庁を開始
5.20　永源寺の開祖・寂室元光の生誕地・岡山県勝山町と永源寺町が友好提携
6. 2　**守山市出身の宇野宗佑が首相に。滋賀初の総理大臣**
6. 6　大津市内を走行中のJR快速電車の窓ガラスが割れ乗客が足に軽傷
6.14　坂本城を築いた戦国武将・明智光秀の顕彰法要が大津市の西教寺で
6.16　滋賀一の巨木は多賀町の井戸神社の幹周11.6mのカツラと判明
6.28　マツクイムシ防除の空中薬剤散布で栗東町の養蜂家のミツバチ10万匹が死ぬ
7. 1　湖東・大阪線（びわこ京阪奈線）鉄道新線実現へ建設期成同盟旗揚げ
7. 3　**湖東・湖北の琵琶湖沖でアユ大量死。県が調査へ**　▷建設省が「ながはま御坊参道」を手づくり郷土賞に
7. 4　甲賀町長選で家森茂勝が３期連続の無投票で３選
7. 8　守山市の吉身西遺跡で飛鳥時代の豪族住居跡を発掘と発表
7.11　緑化推進運動で「緑のもりやまを創る会」と永源寺町に宇野首相から総理大臣賞伝達
7.15　水上バイクのブームで県警が初の空、陸、水上の一斉取り締まり開始
7.16　**越前海岸をバス旅行中の彦根市の団体15人ががけ崩れで犠牲に**
7.22　比良山スキー場の拡張整備をめぐる学者らの審査請求を環境庁が却下
7.23　**参院選で連合が推した中村鋭一が当**

選、自民は空白区に

7.24 **参院選惨敗で宇野首相が辞任表明**

7.30 八幡商が３季連続甲子園へ

8. 4 比叡山延暦寺で天台宗世界宗教者平和の祈り式典、600人参加

8. 7 全国高校総体で米原市の伊吹高男子ホッケー部が優勝

8. 9 中主町の西河原森ノ内遺跡から白鳳期のモミガラ屑や木簡が出土と発表

8.12 戦時中の日系カナダ人補償のため、カナダ政府が彦根市で面接会

8.19 大津市の堤智章・伸弘兄弟が三重県で開かれたヨット世界選手権で初優勝（9.5、国体でも優勝。県勢初）

8.22 今津町長選で廣本慶男が無投票再選

8.28 県全域を日本脳炎汚染地区に指定

8.30 安土町・老蘇（おいそ）の森など４地区が条例に基づく緑地環境保全地域に指定

8.31 草津市の襖（ふすま）遺跡から大地震による噴砂跡が出土したと発表

9. 2 高島町の砂防ダム建設現場で崩壊事故、２人死亡

9. 4 大津市坂本で町並み保存の条例制定へ ▷日野町で古代ゾウ・ステゴドンの足跡化石を発見したと発表。県内２例目

9.13 大津市の大戸（だいど）川ダム基本計画案を地元協議会が了承

9.14 朽木村を環境庁「ふるさといきものふれあいの里」に指定 ▷大相撲の蔵間（野洲町出身）引退

9.20 大津市埋蔵文化財陳列館が放火で全焼。発掘資料550箱を焼失 ▷国道307号バイパス全線開通

9.21 甲賀町でコレラ疑似症患者１人発生（9.22、県が対策本部。9.28、患者７人に）

9.26 **八日市市と竜王町の境にある雪野山山頂で、古墳時代前期の石室から木棺を発見と発表（雪野山古墳）**

9.27 湖上のレジャー事故締め出しのため「琵琶湖等水上安全条例」制定へ

10.10 安曇川町長選で中野信男が無投票再選

10.17 甲良町長選で山本日出男が無投票再選

11.11 県内33町村で土曜閉庁実施 ▷西教寺が秘密行法の際、唱えられる声明（しょうみょう）を国立劇場で初公演

11.14 県教職員組合が43年ぶりに分裂。反主流派中心の「全教滋賀教組」結成

11.15 前年に古代ゾウの足跡化石が見つかった野洲河原の上流（水口町）でも26個発見。県内３例目

11.22 近江八幡市の茶寮・浜ぐらなど７件が「麗しの滋賀建築賞」に

11.27 安土町が天正少年遣欧使節にちなみ欧州６都市と文化交流都市提携

12. 5 大津市の穴太（あのう）廃寺跡から江戸初期の大規模な地震地割れ跡を発見と発表

12.14 彦根市の市場街再開発計画で核店舗に平和堂を決定、覚書に調印

12.15 近江町の塚の越古墳から県内初の石見型盾埴輪（はにわ）８個が出土と発表

12.17 **希望が丘文化公園で第１回びわ湖・希望が丘クロスカントリー大会**

12.20 新旭町の水鳥観察センターがオープン

どんな年？

大河ドラマ	**春日局**
本	**よしもとばなな『TUGUMI』（中央公論社）**
映画	**インディ・ジョーンズ　最後の聖戦**
流行語	**セクシャルハラスメント、オバタリアン**
内閣	**竹下登　1987.11.6 ～ 6.3** **宇野宗佑　6.3 ～ 8.10** **海部俊樹　8.10 ～**

1. 7 昭和天皇崩御（1.8、平成に改元）

4. 1 初の大型間接税、消費税３％実施

6. 4 中国民主化デモ制圧（天安門事件）

7.23 参院選で自民過半数割れ

8. 9 宮﨑勤容疑者が女児殺害を自白

11. 9 ベルリンの壁崩壊

12. 3 米ソ首脳マルタ会談で東西冷戦終結宣言。東欧社会主義国の崩壊へ

12.29 東証平均株価、史上最高値3万8915円

平成2年 1990

●台風19号で愛知川決壊（写真）
○ねんりんピック'90びわこ大会開催
○ゴルフ場開発を凍結

▼稲葉稔1

1.10 能登川町の軽油製造販売会社が３年間に約９億円の脱税容疑で摘発
1.20 県立農業大学校創立20周年記念式典
1.22 朽木村で下校中の中学生２人がイノシシに襲われ、頭などに重傷
1.23 大津市の日吉大社が元宮司らを相手取り神木伐採の賠償請求
2.18 衆院選滋賀全県区で宇野宗佑前首相が１位、社会党の山元勉が２位当選 ▷JR草津線開通100周年記念行事
2.28 官公労の統一で新「連合滋賀」誕生
3. 1 大阪花博を記念して「海津大崎」と「豊公園」が全国のさくらの名所百選に
3. 7 草津市農協の約６億6700万円横領事件で元職員に懲役４年６月の判決
3.13 甲南町長選で木村泰治が無投票３選
3.20 県がびわこ空港予定地でボーリング調査開始（3.22、反対派住民が抗議）
3.22 国土庁の公示で商業地の地価変動率が全国１位と空前の高騰（9.19、県平均48.3％と全国一の上昇率を記録）
3.24 県環境生協が安土町で設立総会
3.25 近江八幡市長選で奥野登が無投票で再選
3.26 県がレイカディア振興財団を設立
4. 1 大阪花博開幕に滋賀からも出展
4.12 大津市と韓国亀尾市が姉妹都市提携
4.14 豪華客船ビアンカが琵琶湖に就航
4.18 前町長辞任にともなう永源寺町長選で澤田源太郎が無投票で初当選 ▷国道161号高島バイパス一部開通
4.26 草津市の中沢遺跡から出土した和琴（わごん）が弥生中期のものと判明と発表
4.30 水口町自転車道路として野洲川、杣（そま）川堤防周遊コースが全線開通
5. 1 草津市のスーパー会長が大阪国税局管内で前年度の高額納税１位
5.14 下鴨神社に湖魚を献上する大津市堅田の献饌供御人（けんせんくごにん）行列が50年ぶり復活 ▷基準値超の工場排水を流していた水口町の生コン製造販売会社を摘発
5.29 西浅井町長選で真野貞男が無投票で初当選
5.31 路線対立で県職員組合から分裂した「自治労県職員労働組合」結成式
6. 2 信楽町に県立陶芸の森がオープン
6.10 草津沖の琵琶湖に超軽量飛行機が墜落、２人死傷
6.12 甲賀町の油日バイパス890m開通
6.13 甲西町の人口が３万5000人を突破
6.19 前町長辞任にともなう中主町長選で田中政之が無投票で初当選
6.24 知事選で稲葉稔が再選
6.25 県が琵琶湖の富栄養化防止へ、びわ湖放送で粉せっけん使用のCM ▷大津署と熊本県警大津署が全国でも珍しい「兄弟警察」締結
7.10 北川石松環境庁長官が琵琶湖を視察
7.14 事故続発の水上バイク一斉取り締まり。９人を取り調べ、216人に警告（7.24、水上バイクのメーカー、販売店と県警が事故防止連絡協を設立）
7.19 北湖で約140万匹のアユの死が判明（9.11、彦根市の宇曽川でも約50万匹確認。渇水で酸欠状態か）

▼稲葉稔2 7・20〜

7.26 大津市で17年間で約１億4000万円の固定資産税課税ミスが発覚（後日、草津市と守山市でも。12.15、大津市が時効分を国賠法適用し返還へ）
7.29 八幡商が３連覇で夏の甲子園へ
8. 6 余呉湖水質保全対策検討委の初会合
8. 8 滋賀・岐阜両県知事が初の知事懇談会
8.12 蒲生町の住民200人が「びわこ空港」建設反対の決起集会（8.31、県が基本計画案公表、初めて全体像が判明）
8.14 滋賀の人口伸び率が全国第２位に

8.22 県内32のゴルフ場が農薬使用50%削減を申し合わせ、県に報告
8.23 安土城跡発掘で櫓門跡の存在発表
9. 1 縄文期の復元丸木舟が湖北町尾上浜―竹生島間7㎞を航海
9. 6 民間企業3社の水質浄化実験プラントが守山市の赤野井湾で本格稼働
9.11 五個荘町の人口が1万人を突破
9.12 国体の漕艇少年少女シングルスカルで三崎麻理子選手(彦根東高)が優勝
9.14 彦根市にミシガン州立大学日本センターが竣工、開所
9.15 近江八幡市で190㎜など各地で集中豪雨。計340戸で床下浸水
9.16 近江八幡市のJR踏切で立ち往生のトラックに新快速が衝突して脱線
9.19 **台風19号による大雨により能登川町今・栗見新田地先の2ヶ所で愛知川が決壊、死者1人。彦根市の犬上川が増水して犬上川橋が流出するなど、大きな被害(10.8、被害総額163億円)**
9.29 **高齢者スポーツと福祉の祭典「ねんりんピック'90びわこ」開幕(～10.2)**
10. 2 土山町長選で松山正己が無投票再選
10. 4 **県がゴルフ場新規開発を原則禁止の方針(10.12、農薬総使用量は年間110.4t。12.1、新規開発を凍結へ)**
10.15 信楽町の大戸川に保良の宮橋完成
10.17 知事が1000mタワー建設断念を表明
10.19 草津沖で湖底遺跡調査船が鉄製標識柱に激突、1人死亡、5人重軽傷
10.22 国体の陸上少年男子A1500mで木村吉継(高島高)が優勝
10.23 栗東町長選で猪飼峯隆が無投票3選
10.24 県政世論調査で、粉せっけん使用は「主に」41%、「のみ」31%
10.27 大津市歴史博物館が開館
10.31 栗東町岡遺跡から古墳中期の鶏形埴輪の頭部が出土と発表。県内3例目
11. 1 彦根旧市街地が国の「都市活力再生拠点整備事業」対象地に指定。県内初
11. 2 彦根市と中国・湘潭市が友好都市締結 ▷障害者の雇用と情報処理教育を考える「びわ湖会議」発足
11. 9 延暦寺山内の八部院堂が放火で全焼。11.30、愛知川町の大瀧神社が放火で本殿と幣殿全焼。いずれも中核派が犯行声明
11.11 浅井町長選で伏木豊美が3選
11.14 近江町の西円寺遺跡で低墳丘墓群を確認と発表
11.18 八日市市長選で望田宇三郎が3選
11.25 虎姫町長選で上田昌之が再選
12.11 1988年度経済成長率は実質11.5%で1976年以来、最高の伸び ▷高月町長選で大音忠行が無投票3選
12.12 知事が県議会で琵琶総期間延長表明
12.18 **大津市の粟津湖底遺跡で縄文中期前半の貝塚を確認と発表** ▷彦根市の人口が10万人を突破
12.19 県の琵琶湖リゾートネックレス構想を国土庁が承認
12.25 志賀町が比良ゴルフ倶楽部と農薬問題で県内初の環境保全協定を締結

どんな年？

大河ドラマ	**翔ぶが如く**
本	**二谷友里恵『愛される理由』(朝日新聞社)**
映画	**バック・トゥ・ザ・フューチャー2**
流行語	**ファジィ、ちびまる子ちゃん**
内閣	**海部俊樹[1] ～2.28** **海部俊樹[2] 2.28～**

1.13 初の大学入試センター試験
4. 1 国際花と緑の博覧会(大阪花博)が開幕(～9.30)。入場者2312万人
8. 2 イラク軍がクウェート侵攻、湾岸戦争へ
10. 1 東証平均株価2万円割れ。9ヶ月で半値に(バブル経済崩壊)
10. 3 東西ドイツ統一
11.12 天皇即位の礼
12. 2 秋山豊寛TBS記者、日本人初の宇宙飛行(～12.10)

平成3年 1991

●信楽高原鐵道で衝突事故（写真）
○びわこ空港が“滑走”へ
○古代ロマンの発掘、次々と

▼稲葉稔②

1.10 堅田高3年の男子生徒が深夜、志賀町の路上で同級生の女子生徒を刺殺
1.15 五個荘町長選で小串勲が無投票初当選
1.18 全国初めての県環境生協が発足
1.20 余呉町長選で畑野佐久郎が初当選
1.22 最高路線価で近江八幡市の引き上げ率が前年比114.5%アップと日本一
1.23 大津市の粟津湖底遺跡から縄文早期の植物性遺物層が出土したと発表
1.25 日野町に伝わる近江中山の芋競べ祭りが国の重要無形民俗文化財に
1.27 守山市長選で高田信昭が5選 ▷新旭町長選で馬場左武郎が初当選 ▷マキノ町長選で前川富重が再選
1.28 財団法人滋賀医学国際協力会が発足
1.29 近江八幡市の都市型CATV局「琵琶湖ケーブルネットワーク」開局
2. 8 草津市は市有地の払い下げを受けた暴力団組長に、契約違反として土地の明け渡しと建物撤去を求める訴え
2.15 滋賀大学に情報処理センター開所
2.17 大津市の日吉大社社務所に短銃発砲
2.22 秦荘町の大行社本殿（重文）の保存修理が完成
2.26 近江八幡市で固定資産税の課税ミス
2.27 多賀町栗栖（くるす）のスギなど20本の巨樹巨木を県自然記念物に指定
3.16 JR琵琶湖線「栗東駅」と近江鉄道「京セラ前駅」開業
3.18 豊郷町の阿自岐（あじき）神社本殿など12件が県指定文化財に
3.22 近江八幡市八幡地区が国の重要伝統的建造物群保存地区に県内初指定
3.24 彦根城博物館の入館者数が50万人に
3.26 商業地の平均上昇率31%で全国一 ▷県が彦根市に建設していた琵琶湖流域下水道東北部浄化センター完成
4. 1 県私立病院協会が大津市に滋賀県堅田看護専門学校を開校
4. 3 長浜市の鴨田遺跡から1世紀初頭の鋳造と推定の中国古代の流通貨幣「五銖銭（ごしゅせん）」が近畿初出土と発表
4. 7 県議選で48人の新議員誕生
4.10 天皇即位の吉例により、大津市の石山寺で秘仏「如意輪観世音菩薩」が30年ぶり一般公開
4.20 信楽町の県立陶芸の森で世界陶芸祭開幕（5.4、目標の35万人を突破）
4.21 7町村長選で、野洲：宇野勝、石部：西岡種夫、甲西：植西佐吉、水口：林田久一、秦荘：北川眞道、近江：木村彰、朽木：澤井功が当選
4.25 八日市市の雪野山古墳から貴重品入れの「合子（ごうす）」発見と発表。木製の実物は全国初
5. 2 大津市に「遊びの森SL公園」開設
5. 3 能登川町の特別養護老人ホームで職員19人のうち11人が退職
5.12 湖東町に湖東スタジアムがオープン
5.14 信楽高原鐵道で同列車とJR臨時列車が正面衝突。死者42人（5.15、事故をうけて世界陶芸祭が会期を12日間残して閉幕。6.16、県、信楽町、同鉄道、JR主催の慰霊祭）
5.23 彦根市立病院が開設100周年記念式典
5.25 八日市市に「世界凧博物館・八日市大凧会館」オープン
6. 1 安土町で信長サミット。織田信長ゆかりの全国市町村の首長が出席
6. 2 湖東町長選で西堀茂平が無投票3選
6.11 野洲町の桜生（さくらばさま）古墳群から7世紀前半の文字を刻んだ須恵器の短頚壺（たんけいつぼ）出土
6.27 県水上安全協会が発足
7. 9 草津市のたちばな川と近江八幡市の近江商人通りが国の手づくり郷土賞に
7.22 びわ町に冨田人形会館が完成

7.29 八幡商が4連覇で夏の甲子園へ

8. 2 初の「AKINDOフォーラム」に日米英など参加。世界都市の活力構造に迫る ▷大津市の粟津湖底遺跡で約4500年前の女性の頭骨発見と発表

8. 6 山東町長選で山本博一が無投票7選

8.14 大津市の暴力団組長らが8億5000万円脱税容疑で逮捕

8.20 長浜市の川崎遺跡で弥生後期の環濠集落跡を確認と発表

8.26 守山市で世界青年会議。26ヶ国参加

8.27 **自民党が琵琶湖総合開発計画の5年間の再延長を了承(12.22、次度予算内示で決定)**

9. 7 草津市の山林で平安時代の覚音寺とみられる寺院跡を確認と発表

9. 8 安土町長選で辻悦蔵が4選

9.10 水口町みなくちの森公園が全国15ヶ所の子供の森公園の一つに選定

9.11 国体のボート成年一部男子かじ付きフォアで東レ滋賀が6年ぶり優勝

9.14 **JR米原―長浜間に京都方面から直通電車乗り入れ。長浜―近江塩津間も直通運転**

9.19 基準地価が16年ぶりに下落

9.27 琵琶湖研究所でユスリカフォーラム。諏訪湖、宍道(しんじ)湖、霞ヶ浦が参加

10.14 国体のアーチェリー少年男子で滋賀選抜、陸上少年男子B棒高跳びで滝井哲選手(水口高)がそれぞれ優勝

10.23 **小学校建設をめぐる収賄容疑で清川勘一湖北町長を逮捕**(12.15、湖北町長選で木下武彦が初当選)

10.27 長浜市長選で川島信也が初当選

10.29 彦根市の松原内湖遺跡から縄文後期の丸木舟が出土と発表

11. 1 彦根市と中国湖南省湘潭市が友好都市締結

11. 4 彦根城周辺で市街地を周回する自転車ロードレースが日本初開催 ▷彦根市鳥居本宿近くの望湖堂が全焼

11. 7 中主町の湯ノ部遺跡から弥生中期の男女ペア木偶発掘と発表(12.4、国内最古の飛鳥後期の文書木簡も)

11.10 愛東町長選で柿田仁敏が初当選

11.14 京滋を舞台にしたハウス食品恐喝未遂事件の公訴時効が成立

11.18 大津市で県と国連環境計画(UNEP)が水質問題の国際シンポジウム

11.24 豊郷町長選で長谷川孝一が4選

11.28 **びわこ空港が国の第6次空港整備5ヶ年計画に組み入れ決定**

12. 6 大津曳山展示館がオープン

12. 8 信楽高原鐵道が208日ぶり運行再開

12.12 栗東町の下鈎(しもまがり)遺跡から県内最古の縄文前期の竪穴式住居跡4棟と発表

12.16 牛の受精卵での正確な性判別が県畜産技術センターと京大の共同研究で成功、雌牛誕生

12.23 龍谷大が瀬田キャンパスに生涯教育の拠点めざす交流センター設立

12.24 参院滋賀選挙区の山田耕三郎議員(連合参議院最高顧問)が引退表明

どんな年？

大河ドラマ	**太平記**
本	**宮沢りえ、篠山紀信『Santa Fe』(朝日出版社)**
映画	**ターミネーター2**
流行語	**…じゃあ～りませんか、火砕流、若貴**
内閣	**海部俊樹[2] ～11.5** **宮澤喜一 11.5～**

1.17 米軍など多国籍軍がバグダッドなど空爆開始。湾岸戦争(4.11、停戦)

4.24 政府がペルシャ湾への自衛隊掃海艇派遣を決定(4.26、出港)

6. 3 長崎の雲仙普賢岳噴火、大火砕流

6.17 南アフリカでアパルトヘイト終結

6.20 東北・上越新幹線が東京駅乗り入れ

7. 1 ソ連・東欧ワルシャワ条約機構解体

9.24 経企庁、好景気過去最長で、いざなぎ景気を超えたと宣言

12.25 ゴルバチョフ大統領が辞任。ソ連解体決定、69年の歴史に幕

平成4年 1992

●信楽列車事故の捜査が終結（写真）
○県がヨシ、ごみ条例を施行
○自民、参院選で9年ぶりの勝利

▼稲葉稔[2]

1.16 北湖で7年ぶりオオハクチョウ確認
2. 5 県道草津伊賀線バイパス三雲—水口町三大寺間が23年ぶりに全線開通
2. 6 栗東町の山田遺跡から7世紀後半の登り窯跡を出土と発表
2. 9 志賀町長選で北村正二が初当選
2.11 能登川町が町制50周年記念式典
2.22 県内初の小学校として誕生した長浜小が創立120周年記念式典
2.28 平和堂が県内全店で発泡スチロール製食品トレー回収を本格的に開始
3. 4 彦根総合地方卸売市場が完成
3. 9 能登川水車とカヌーランドが完成
3.13 県水産試験場調査船「琵琶湖丸」完成
3.15 多賀町長選で中川泰三が3選
3.18 「高島扇骨」「本藍染」「甲良臼」「錺(かざり)金具」が県の伝統的工芸品に
4. 7 米原町長選で山川茂が無投票5選
4.10 大津市生涯学習センターが開館
4.17 草津市の新庁舎が完成
4.21 余呉町の高時川最上流でアオミドロが大量発生
4.26 びわ湖タワーに当時世界一の高さの大観覧車「イーゴス108」が登場
5. 6 4月の倒産による県内負債総額14億円は過去20年間で最高に
5.16 春の高校野球県大会で比叡山高が4年ぶり10度目の優勝 ▷湖北町の汚職で清川勘一前町長に有罪判決
5.18 琵琶湖大橋の4車線化工事で漁業補償の協定書
5.21 栗東町の下鈎(しもまがり)遺跡から弥生後期の棟持柱付建物跡が出土と発表
5.22 大津市琵琶湖畔の通称「幽霊ビル」を日本初の爆破解体
6. 7 大津市長選で山田豊三郎が4選 ▷愛知川町長選で小寺廣が初当選
6. 9 県立醒井養鱒場がマスの稚魚を琵琶湖に試験放流
6.12 草津市の木瓜原(ぼけわら)遺跡から日本最古の梵鍾鋳造遺構が出土と発表
6.13 近畿初の学校週5日制試行
6.16 野洲町の中畑古里遺跡から日本最古の硯が出土と発表
6.20 近畿初の本格派全天候型スポーツ施設、長浜ドームがオープン
6.21 木之本町長選で藤田市治が3選 ▷竜王町長選で福島茂が初当選
7. 1 県がヨシ群落保全条例とごみ散乱防止条例を施行
7. 4 朽木村に県立いきものふれあいの里がオープン
7.15 信楽高原鐵道事故でJR西日本が「方向優先テコ」取扱内部指導文書を改竄して警察に提出したと判明
7.18 安曇川町びわ湖こどもの国と、野洲町ふるさと館がオープン
7.20 安曇川にカワウ来襲、アユ漁被害か
7.26 参院選で河本英典が初当選
7.30 長浜市の宮司遺跡から鎌倉期の人と牛の足跡が大量に出土と発表 ▷能登川町の西ノ辻遺跡からカマド付き竪穴住居跡が出土と発表
7.31 近江高が11年ぶり夏の甲子園へ
8. 1 県職員の完全週休2日制スタート
8.20 **大津市葛川坂下の山崩れが安曇川をせき止め住民避難** ▷湖岸道路の湖北町尾上(おのえ)—高月町片山間が開通
8.24 長浜市の神宮寺遺跡から6世紀末の人形(ひとがた)出土と発表
8.26 びわこ空港周辺住民が知事に補助金返還求め監査請求（**9.7、県が周辺整備の「臨空都市構想」発表**） ▷能登川町の西ノ辻遺跡から日本最古の祭祀遺構が出土と発表
9. 8 近江八幡市とびわ町の3地区で近隣

景観協定を締結
9. 9　琵琶湖総合開発の水資源公団分事業が20年かけて完成
9.10　**高島屋が浜大津への出店を断念**
9.12　学校週5日制スタート
9.17　守山市の伊勢遺跡から国内最大級の高床式建物跡が出土と発表
9.28　朽木村のグリーンパークで温泉湧出
10. 2　安曇川町に中国式庭園「陽明園」がオープン
10. 4　新旭町の陸上自衛隊今津駐屯地の創立40周年記念式で模擬演習
10. 5　高島郡5町の森林組合が広域合併して「高島郡森林組合」に
10. 8　国体の卓球成年女子一部で松下電工彦根が初優勝
10.13　千日回峰行で上原行照・延暦寺円竜院住職が無道寺谷明王堂に堂入り
10.14　近江八幡市の里ノ内遺跡から古墳時代前期の堰状遺構が出土と発表
10.15　大津市で25ヶ国参加のアジア湿地シンポジウム・琵琶湖会議
10.17　マキノ町知内浜でシー・カヤッキング・シンポ開催(10.18、湖上ツアー)
10.18　びわ町長選で吉田昭信が3選
10.20　高島町長選で萬木綱一が再選
10.27　長浜市の神宮寺遺跡から古墳時代中・後期の木製ゲタが出土と発表
10.29　大津市でUNEP環境保全技術移転ネットワーク化シンポジウム
11. 1　安土町に県立安土城考古博物館が開館
11. 4　比良山系に無許可で産廃を埋め立てていた暴力団組員ら2人を逮捕
11. 7　大津市の瀬田川洗堰畔に「水のめぐみ館アクア琵琶」が開館
11.10　伊吹町長選で辻村克が無投票3選
▷県が地方拠点都市として近江八幡、八日市など9市町からなる「中部地域」を選定
11.13　大津市で市民福祉国際フォーラム。海外を含め550人参加
11.20　八日市、近江八幡、竜王、蒲生の4市町に「雪野山ふるさと街道」開通
11.23　愛東町の大萩茗荷(みょうが)村が開村10周年の記念式典
11.29　能登川町長選で杉田久太郎が再選
12. 3　**信楽高原鐵道事故で信号技師ら3人を業務上過失致死傷容疑などで逮捕(12.17、運輸省が事故原因について県警の捜査結果をほぼ追認。12.20、遺族会がJR西日本の訴追求め大津地検に4300人の署名。12.24、逮捕の3人を起訴)**
12. 8　JR西日本のストで草津線が全面運休
12.11　甲南町の古琵琶湖層からコイやフナの歯の化石が出土と発表
12.13　第1回Oh湖(おうみ)草津マラソン開催
12.16　県水産試験場は、ヨシ群落がニゴロブナ稚魚成育に重要な役割を果たすと発表
12.17　長浜市の黒壁ガラス鑑賞館(現黒壁美術館)オープン

どんな年?

大河ドラマ	**信長 KING OF ZIPANG**
本	**それいけ!!ココロジー編『それいけ×ココロジー』1〜3(青春出版社)**
映画	**紅の豚**
流行語	**きんさん・ぎんさん、冬彦さん**
内閣	**宮澤喜一**

2. 7　ECがEU創設条約に調印
3.14　東海道新幹線「のぞみ」東京—新大阪間で運行開始
6.15　PKO協力法案成立
7. 1　山形新幹線「つばさ」運行開始
7.25　バルセロナ五輪大会開幕(〜8.9)。200m平で岩崎恭子が競泳史上最年少「金」
8.27　自民党副総裁・金丸信、東京佐川急便からの5億円の献金認め辞意表明
9.12　学校の週5日制(第2土曜)スタート
▷米スペースシャトルに毛利衛が日本人初搭乗(9.20〜)
10.23　天皇皇后が初訪中(〜10.28)

平成5年 1993

●滋賀に新党さきがけ旋風（写真）
○びわこ空港の着工延期
○琵琶湖がラムサール条約登録湿地に

▼稲葉稔2

1.6 びわこ空港に反対する日野町野出地区の住民らが立ち木トラスト運動（2.11、蒲生町綺田地区の住民らも）
1.8 甲良町の塚原古墳群遺跡から装飾脚付𤭯がほぼ完形で出土と発表
1.23 山東町の観音寺の本堂・鐘楼・惣門と安曇川町の若宮神社本殿が重文に
1.24 草津市長選で高田三郎が3選 ▷信楽町長選で杉森一夫が再選
1.26 蒲生町長選で安井一嗣が無投票3選 ▷延暦寺里坊の円教院が全焼
1.30 多賀町の大滝小萱原分校の廃校決定
2.2 県南部に6年ぶりの大雪警報
2.12 竹生島で急繁殖したカワウの糞から森林を守るため巣落とし作戦実施
2.17 長浜市の神宮寺遺跡から5世紀中頃の木製輪鐙が出土。全国で2例目
2.28 日野町長選で奥野弘三が初当選
3.7 自衛隊饗庭野演習場の周辺整備にともなう今津町生見地区の離村式典
3.10 県が余呉湖に湖水循環装置を設置
3.20 琵琶湖研究所の実験調査船「はっけん号」が進水
3.21 県内4つの生活協同組合が合併した「コープしが」正式に発足
3.24 多賀町の古琵琶湖層群から約180万年前の像の化石が1頭分出土と発表 ▷湖東町まちづくりで自治大臣表彰（11.26、国土庁「農村アメニティ・コンクール」最優秀賞）
3.28 大津市に県内初の芸術系4年制大学の成安造形大学が開学
3.31 八日市市に滋賀中部地域行政事務組合などの合同庁舎完成
4.2 滋賀勢の選抜高校野球連続初戦敗退を15で止めた八幡商がベスト8進出
4.14 中主町で330年前の地震とみられる国内最大級の噴砂跡を確認と発表
4.16 文化財保護審議会が大津市の「石山寺校倉聖教」を重文とする答申
4.17 タイ王国シリキット王妃が大津市を訪れ、秋篠宮夫妻と琵琶湖遊覧
4.21 朽木村がグリーンパークに温泉開設
4.22 あいの土山、くつき新本陣、しんあさひ風車村が道の駅に選定
4.25 彦根市長選で中島一が初当選
4.28 甲西町に県動物保護管理センターの啓発施設がオープン
5.22 安土町の観音正寺本堂が全焼、本尊の重文・千手観音立像を焼失
6.1 大津市と志賀町3農協が合併した「レーク大津農業協同組合」発足
6.9 湿地の賢明な利用を目指すラムサール条約締約国会議が釧路市で開幕、琵琶湖など国内5ヶ所が登録湿地に
6.15 国道161号高島バイパス全線開通
6.23 草津市の矢橋帰帆島内に水環境科学館が開館
6.28 高島地域観光振興協議会が発足
7.1 日野町が県内初の福祉サービス公社
7.2 淡海文化推進懇談会の初会合
7.5 集中豪雨で大津市143㎜を記録、妙法寺本堂倒壊、民家全壊など被害
7.6 甲賀町長選で家森茂勝が無投票4選
7.10 土山町立図書館がオープン
7.16 県が琵琶湖博物館新築工事で談合防止策「意向確認型」近畿初導入（9.9、県立大学建設で談合、入札延期。10.2、県建設業協会が公正・公平な行動憲章。12.24、琵琶湖博物館で一般競争入札） ▷大津SAで名神開通30周年記念展示
7.18 衆院選滋賀全県区で前職5人が当選。1位当選は新党さきがけ武村正義
7.22 坂本ケーブルが35年ぶりに全面改装
8.2 野洲町と米ミシガン州クリントン・タ

ウンシップが姉妹都市提携調印
8．5 余呉町の高時川に計画される丹生（にう）ダムの損失補償基準妥結調印式
8．6 全国高校総体で米原市の伊吹高女子ホッケー部が優勝
8．8 近江兄弟社が甲子園初出場
8.11 JR近江今津駅と小浜線上中駅を結ぶ「びわ湖・若狭湾リゾートライン」の県側建設促進期成同盟会設立
8.18 **最高路線価13.2％のダウン。大津市が初めて草津市に抜かれる**
8.20 長雨の影響で瀬田川洗堰は延べ28日間も全開状態、過去10年で最長
8.23 8ヶ国38機関が琵琶湖の富栄養化などを国際共同調査（～9.15） ▷米原町での全国農業青年交換大会に皇太子夫妻出席
8.28 **彦根市の新幹線のレールにチェーンが巻き付けられ緊急停車（9.1、滋賀・岐阜両県警が合同捜査へ）**
8.29 今津町長選で廣本慶男が3選
9.28 6府県3政令市で構成する財団法人「琵琶湖・淀川水質保全機構」発足
10．1 県社会福祉協議会が運営する老人大学がレイカディア大学と改名
10．9 大津市とドイツ姉妹都市との友好を示す「ヴュルツブルグ通り」開通
10.12 安曇川町長選で中野信男が無投票3選
10.13 県内4生協が合併した「コープしが」の第1号店が彦根市にオープン
10.15 八日市市大凧揚げと草津市サンヤレ踊りが国の選択無形民俗文化財に
10.20 滋賀銀行が国際湖沼環境委員会へ1200万円寄贈
10.23 琵琶湖周航の歌で知られる京大端艇部の周航が新ボートで7年ぶり復活
10.26 **全国初の献穀祭訴訟の判決公判で自治体の公金支出は合憲と大津地裁**
10.31 甲良町長選で山本日出夫が無投票3選
11．3 滋賀大経済学部創立70周年記念式典
11.12 「近江百人一首かるた」と解説書の完成発表会が琵琶湖の遊覧船上で
11.13 大津市の西教寺の聞證坊（もんしょうぼう）山門が150年ぶりに再建、落慶法要
11.18 能登川町の横受遺跡から近畿初の石組みカマド出土と発表
11.24 余呉町のCATV局「CNY」放送開始
11.28 大津市国際親善協会が設立15周年を機に財団法人化
12．2 全国最多9選で「殿様市長」と親しまれた井伊直愛元彦根市長が死去
12．3 立命館大びわこ・くさつキャンパス竣工式。1994年4月に開学
12．6 守山市の小学生4人が野洲川河川敷で北川原遺跡を発見
12.10 守山市の二ノ畦・横枕遺跡から国内最大級の環濠集落跡が出土と発表
12.19 信楽町がポルトガルのヴィアナ・ド・カステロ市と姉妹都市提携調印
12.25 戦後最悪の米不作で被害農家への農協共済金10億5000万円を突破

どんな年？

大河ドラマ	**琉球の風、炎立つ**
本	**東京サザエさん学会編『磯野家の謎』正・続（飛鳥新社）**
映画	**ジュラシックパーク**
流行語	**親分、サポーター、規制緩和**
内閣	**宮澤喜一 ～8.9** **細川護煕 8.9～**

3．6 金丸信自民党元副総裁、脱税で逮捕
4.23 天皇皇后が初の沖縄訪問
6．9 皇太子と小和田雅子が結婚の儀
5.15 プロサッカーJリーグ公式戦開幕
6.21 新党さきがけ（6.23新生党）結成
7.18 衆院選で自民過半数割れ、新党躍進し、自民・社会主導の55年体制崩壊
8．9 非自民8会派で細川護煕連立内閣成立
9.13 イスラエルとPLOがパレスチナ暫定自治協定に調印
11．1 欧州連合（EU）発足
12.11 屋久島、白神山地、法隆寺地域、姫路城が世界遺産に登録
12.15 ウルグアイラウンド決着。コメ部分開放の受け入れ決定

平成6年 1994

●琵琶湖の渇水、史上最低水位の－123㎝を記録（写真）
○知事選で稲葉稔が３選
○大学開学が相次ぐ

▼稲葉稔2

1.12　彦根市の山崎山城跡から石垣が出土したと発表
1.27　守山市の伊勢遺跡から弥生後期の棟持柱付きの祭祀用とみられる高床式建物跡が出土したと発表。高さ推定10mで同時代同種の建物で最大（12.15、入母屋(いりもや)造り高床式建物跡も）
2. 1　石山高が春夏を通じ初の甲子園へ
2. 2　日野町の野田道遺跡からオンドル式の石組み煙道が出土と発表
2. 4　県道泉日野線バイパスが開通
2.22　仏教会の最長老で世界平和へ貢献した山田恵諦・天台座主が死去
3.13　甲南町長選で山本悟が初当選
3.14　滋賀政界の重鎮、山下元利が死去
3.16　中主町の兵主(ひょうず)大社境内から平安末期の洲浜敷の庭園遺構が出土と発表
3.18　テニス伊達公子選手に県スポーツ賞
3.23　長浜市が住みよい都市全国２位に
3.26　立命館大びわこ・くさつキャンパスの開学記念式
3.30　国道367号山岳部バイパス大津市葛川下坂本―中村町間が供用開始
4. 1　３つのJA合併で新JA甲賀郡が誕生　▷秦荘町歴史文化資料館が開館
4. 3　近江八幡市長選で玉田盛二が初当選
4. 5　永源寺町長選で久田元一郎が無投票初当選
4. 7　彦根市の佐和山南山麓で湖東焼の窯跡の一部が出土と発表
4.13　彦根港近くの琵琶湖で彦根東高ボート部のボートが沈没、１人が死亡
4.15　高月町の雨森芳洲肖像画など関係資料123点が重文に
4.16　栗東町の辻・高野遺跡から縄文期の柱穴、土器、矢じりなど出土と発表
4.18　旧彦根藩主井伊家が文化財、文書類約３万8000件を彦根市へ寄贈　▷秦荘町に県立アーチェリー場完成
4.21　草津市の観音堂遺跡から木炭窯、須恵器窯の計４基が出土と発表　▷守山市の二ノ畦・横枕遺跡から最大級の弥生末の環濠集落跡が出土と発表
4.25　長浜城歴史博物館入館者150万人に
4.28　甲南町が米国ミシガン州デウィット市と姉妹提携調印　▷安土町に「文芸の郷」完成（5.10～、安土城復元天守が一般公開）
5. 1　安土城跡の前年度環境整備工事完成。伝・羽柴秀吉邸跡や大手道を復元
5. 9　延暦寺で円仁生誕1200年を記念して天台声明(しょうみょう)とシンセサイザーの共演
5.18　国営日野川農業水利事業の完工式
5.28　余呉湖畔に日本醱酵機構余呉研究所が完成、開所式　▷彦根市東部を震源とする地震発生（M5.3、震度４）
5.31　西浅井町長選で平塚廣が無投票初当選
6. 1　滋賀県行政改革委員会の初会議
6. 6　川島信也長浜市長の市立病院建設にからむ現金授受問題が浮上（7.6、ゼネコンの関与否定。9.30、百条委が「収賄の疑い」。10.6、不信任案否決）
6. 7　中主町長選で田中政之が無投票再選
6.26　知事選で稲葉稔が３選
7.11　建設省の手づくり郷土賞にマキノ駅前アミューズプラザなど３件

▼稲葉稔3　7・20〜

7.26　琵琶湖大橋拡幅新橋（２車線）開通
7.30　近江高が３度目の夏の甲子園へ
8. 7　湖東町に「西堀榮三郎記念　探検の殿堂」が開館
8.10　大津市歴史博物館の入館者40万人に
9. 3　**琵琶湖の水位低下で県が初の８％取水制限**（9.12、渇水で湖底から現れた坂本城跡の保存処理と実測調査。**9.15、観測史上最低の－123㎝に。**9.26、拝観を停止していた浮御堂が

渇水見物客殺到で拝観再開）

9. 4 **JR「南草津駅」開業**、叡山駅が「比叡山坂本駅」に改名

9. 9「麗しの滋賀建築賞」に長浜市「北国街道札の辻の町家群」、西浅井町「大浦ふるさと資料館」など10件

9.18 延暦寺龍城院の上原行照住職が「千日回峰」達成。戦後11人目

9.19 地価が４年連続、全用途で下落傾向

9.29 **台風26号で永源寺町の蛇砂川が決壊、彦根市の犬上川堤防にも大被害**

10. 4 土山町長選で松山正己が無投票３選

10. 6 憲法学者の田畑忍元同志社大学長の遺族が草津市に蔵書約4800冊寄贈

10. 7 関西電力が純揚水発電所建設を木之本町などに申し入れ

10.12 虎姫町の五村遺跡で３世紀前半の円形周溝墓が出土と発表

10.15 芭蕉没後300年を記念してファン380人が観光船ミシガンに乗船

10.19 多賀町の木曽遺跡から渡来人集団による大壁造り建物跡が出土と発表

10.20 長浜市などで映画「男はつらいよ」ロケ撮影がスタート　▷地方拠点都市指定の県中部９市町がまとめた整備基本計画を知事が承認。空港整備想定と反対派は反発

10.23 栗東町長選で猪飼峯隆が４選

10.25 高島町「乙女ヶ池」水景整備事業完了。水上テラス、太鼓橋など設置

10.26 天皇皇后が彦根市子どもセンターなどを訪問　▷栗東町立図書館に日本図書館協会建築賞

11. 1 湖東町で町制40周年記念式典（11.3、浅井町、安曇川町、11.6、マキノ町でも）

11. 4 平和堂が中国湖南省の長沙市に合併会社を設立すると発表

11. 6 アケボノゾウの化石が発掘された「古琵琶湖層群」について中間報告

11. 7 高島町―朽木間22㎞に広域基幹林道鵜川村井線が全線開通

11.13 **八日市市長選で中村功一が無投票初当選**　▷浅井町長選で伏木豊美が４選

11.17 **能登川町の正楽寺遺跡から西日本初の環状木列を備えた祭祀広場など出土と発表。日本最古級の土面も**

11.22 虎姫町長選で上田昌之が無投票３選

11.30 **信楽町の宮町遺跡から出土した木簡の削り屑に「造大殿」と書かれていたと発表。同遺跡を紫香楽宮と断定**

12. 9 草津市出資の第３セクターがJR草津駅前に建設した屋台村がオープン

12.13 高月町長選で大音忠行が無投票４選

12.15 **比叡山延暦寺が滋賀県で初めて「世界文化遺産」に**

12.21 彦根市に1995年４月開学予定の滋賀県立大学の設立が正式に認可

12.25 日野町内「空港建設をお願いする会」が約１万人の署名を４集落各区長に

12.27 大津市の国道１号でトレーラーの鋼材が崩れて散乱。運転手が死亡。対向車のタクシーにも突き刺さった

どんな年？

大河ドラマ	炎立つ、花の乱
本	浜田幸一『日本をダメにした九人の政治家』（講談社）
映画	クリフハンガー
流行語	イチロー
内閣	細川護熙　～4.28 羽田　孜　4.28～6.30 村山富市　6.30～

1.24 はがき41円から50円、封書62円から80円に値上げ

1.29 小選挙区比例代表制導入

4. 8 細川首相、佐川急便からの１億円借入問題などの引責で辞意表明

4.28 羽田内閣発足、社会党が連立離脱

6.30 村山富市内閣成立、自社さ連立

7. 8 北朝鮮の金日成主席が死去

9. 1 関西国際空港開港、初の24時間稼働

10.13 ノーベル文学賞に大江健三郎

12.10 新生、公明など９党派が新進党結成

12.15「古都京都の文化財」17社寺・城が世界文化遺産に登録

平成7年 1995

●滋賀県立大学が彦根市に開学（写真：滋賀県立大学提供）
○オウム真理教信者を彦根で逮捕、捜査の端緒開く
○参院選と県議選で「さきがけ」躍進

1.7 守山北高が全国高校サッカーで県勢初の3位
1.10 **木之本町の北陸自動車道で29台が多重衝突。3人死亡、27人重軽傷**
1.11 守山市の伊勢遺跡から大型建物群の方形状配列（5.31、勾玉、割られた銅鏡が出土と発表。8.3、祭殿とみられる独立棟持柱付き大型建物跡）
1.17 阪神・淡路大震災で県内6人が負傷。比叡山延暦寺で重文の塗り壁がはげ落ちたほか、草津市の三大神社で重文の石灯籠が倒れるなどの被害
1.19 コハクチョウ313羽など、過去10年間で最多の5万9605羽を確認
1.24 マキノ町長選で前川富重が無投票3選
1.29 守山市長選で甲斐道清が初当選 ▷大津市の滋賀会館に公営映画館として滋賀会館シネマホールが開館
2.15 栗東町の高野遺跡から寛文地震による液状化現象の痕跡発見と発表
2.16 県と地域振興整備公団が多賀町に造成中の「びわ湖東部中核工業団地」に、参天製薬の進出が決まり調印式
2.21 伊吹町長選で高橋毅代が無投票初当選
2.25 西大津バイパスが部分開通。名神と湖西道路がつながる
2.26 草津市町長選で古川研二が初当選
3.1 浅井町文化スポーツ公園に民俗展示館、図書館など「お市の里」完成
3.2 紫香楽宮跡・宮町遺跡で3列の柱穴の建物跡。宮の主要区画の可能性
3.3 安土城跡の発掘で天守へ延びる大手道発見と発表
3.5 湖南高、大津中央高の県立定時制2校が閉校、27年、45年の歴史に幕
3.15 彦根、長浜両市と愛知、犬上郡など5郡19町による地方拠点都市「琵琶湖東北部地域」の国指定が決定
3.23 **オウム真理教信者を彦根市内で逮捕。押収した信者名簿ディスクが事件解明に一役** ▷甲良町が国土庁「水の郷」に認定
3.25 江戸時代の木造帆船「丸子舟」が復元され進水式
3.27 国道1号水口バイパス4車線化
3.30 大津市の伝統芸能会館が完成
4.1 **滋賀県立大学が彦根市の湖畔に開学**
4.9 **県議選で自民は現状維持の26人、さきがけ系は1議席増の9人。県民連合7人、共産2人で各1議席減。公明は1議席維持**
4.14 日本画家・三橋節子作品を展示する長等創作展示館が大津市に完成
4.18 石部、秦荘、近江の3町長選で西岡種夫、北川真道、木村彰が無投票当選
4.23 野洲、甲西、水口、朽木の4町村選で山崎甚右衛門、植西佐吉、西川勝彦、澤井功が当選
4.27 甲良町の尼子西遺跡から全国初の名称刻印のある無文銀銭出土と発表
5.11 **11日以降、県内各地で記録的な大雨。土砂崩れ、民家浸水、道路寸断のほか、琵琶湖の水位上昇で農地冠水など大きな被害**
5.25 今津町に家族旅行村ビラデスト今津オープン ▷伊吹町—国見峠間の林道国見線開通
6.6 彦根市「夢京橋キャッスルロード」が全国街路事業コンクール会長賞
6.6 草津市の人口が10万人を突破。大津市、彦根市に次いで県内3番目
7.9 高島町の長谷寺観音堂が嶽（だけ）山麓に移転。本尊秘仏が67年ぶり開帳
7.19 琵琶湖研究所の吉良龍夫前所長にコスモス国際賞。日本人初受賞
7.20 11月のアジア太平洋経済協力会議を

前に大津市でプレセミナー
7.22 朽木村グリーンパーク想い出の森に「くつき温泉てんくう」オープン
7.23 参院選で新党さきがけの奥村展三が全国唯一の自民・連合共闘に支えられた無所属を破り初当選
7.30 比叡山高が夏の甲子園へ
8. 4 近江八幡市かわらミュージアム開館
8. 5 竜王町が町制40周年記念式典
8. 6 山東町長選で三山元暎が初当選
8.15 50回目の終戦記念日、大津市の比叡山延暦寺で慰霊コンサート
8.19 JR 北陸線米原―木ノ本駅間で蒸気機関車「SL 北びわこ号」初運行
8.22 竹生島で糞害もたらすカワウ銃撃
8.26 近江八幡市の近江文化財研究所が発足20周年記念式典
9. 3 安土町長選で現職の５選を阻んで仙波秀三が初当選
9. 5 湖が縁で県とモンゴルのフブスグル県が相互交流を進める覚書
9.12 大津市の西教寺で阿弥陀如来立像の胎内から五輪塔柱発見と発表
9.17 **大津市がびわこ競輪高松宮杯で年間1000万円の謝礼を高松宮家に渡していたと判明。のち宮内庁が全額返還**
9.27 石山寺で紫式部の肖像画発見と発表 ▷大津市内に県内初のインターネット接続サービス会社が誕生
10. 1 栗東町・今津町で第19回全国育樹祭開催 ▷五個荘町に観峰館が開館
10. 3 守山市の播磨田東遺跡から５世紀後半の水銀朱付き石杵が出土と発表
10.12 栗東町の辻遺跡から４世紀末の玉作り工房らしき建物跡が出土と発表
10.15 米原町長選で山川増水が初当選
10.22 愛知川町長選で平元真が初当選
10.24 蒲生町の佐久良川川床からアケボノゾウの足跡化石を発掘と発表
10.29 **長浜市長選で現職の市立病院建設にからむ現金授受問題を批判した清水久行が初当選（12.15、大津地検は前職を嫌疑不十分で不起訴処分）**
10.31 五個荘町に「てんびんの里文化学習センター」開設
11. 1 余呉町を流れる高時川の丹生ダム建設にともなう離村式
11.10 **野洲町の甲山古墳の横穴式石室から日本最古と見られる６世紀前半の金糸や副葬品が多数発見と発表**
11.25 **阪神大震災を教訓に近畿など10府県による初の本格的な合同防災訓練**
11.26 豊郷町長選で戸田年男が初当選。湖北町長選で木下武彦が再選
11.30 守山市沖の魞（えり）にサヨリの一種クルメサヨリがかかる。琵琶湖で初
12. 1 大津市歴史博物館の入館者50万人に
12. 3 アムール川で繁殖する渡り鳥コウライアイサがマキノ町の琵琶湖で初確認
12.19 山東町で米国から輸入された農機具部品からゴケグモ属の毒グモ発見
12.22 草津市の中兵庫遺跡から泥除装着鍬が出土と発表。全国で２例目
12.27 比叡山延暦寺に世界文化遺産認定書

どんな年？

漢字	**震**	大河ドラマ	**八代将軍 吉宗**
本	**松本人志『遺書』（朝日新聞社）**		
映画	**ダイ・ハード３**		
流行語	**無党派、NOMO、がんばろう KOBE**		
内閣	**村山富市**		

1.17 阪神・淡路大震災
3.20 地下鉄サリン事件
4. 9 東京都知事選で青島幸男、大阪府知事選で横山ノック当選
4.19 円相場1ドル79.75円の戦後最高値
5. 2 米ドジャース野茂英雄初登板。30年ぶり大リーガー（11.9新人王）
5.16 オウム真理教の麻原彰晃らサリン事件で逮捕（12.14、破防法適用。12.19、高裁が解散決定）
6. 6 伊達公子がテニス全仏オープンで日本女子初のベスト４進出
11.23 米マイクロソフト「Windows95」日本版発売

平成８年 1996

●草津市に琵琶湖博物館オープン（写真：編集部）
○衆院選小選挙区で自民党全敗
○元びわこ銀行員が37億円を不正流用

▼稲葉稔③

1.27 ボテジャコの生息地を確保しようと「ぼてじゃこトラスト」運動初会合
2. 1 比叡山高が選抜高校野球近畿代表に。前年夏に続く連続甲子園出場へ
2. 4 志賀町長選で北村正二が再選
2. 6 阪神大震災を教訓に彦根、長浜、岐阜県大垣の３市が災害相互応援協定
2.13 近江八幡市と米原町が国土庁「水の郷百選」に選出
2.21 阪神大震災と同規模直下型地震で、比叡断層や百済寺断層では３万戸以上全壊、死者約1000人との被害想定
2.28 風力利用の水質浄化装置を草津市沖の琵琶湖に設置
3. 8 大津市の人口が28万人を突破
3.10 多賀町長選で夏原覚が初当選
3.11 彦根市の竹ヶ鼻廃寺遺跡から郡衙とみられる掘立柱建物跡出土と発表
3.14 JR草津駅西口に京滋最大級の複合商業施設「A・SQUARE」が完成
3.16 朽木村漁協がアマゴを卵から孵化させ稚魚に育てることに成功
3.16 JR湖西線の新快速が近江今津駅まで延伸運転開始
3.21 栗東町の辻遺跡から古墳時代の３時期の祭祀跡が出土と発表
3.26 彦根市の国道８号佐和山トンネル北側に「佐和山歩道トンネル」完成
3.27 草津市三大神社のフジや油日神社コウヤマキなど５件が県自然記念物に
4. 7 大河ドラマ「秀吉」にちなみ長浜市で「北近江秀吉博覧会」開幕（～11.30）
4. 9 大津市の粟津湖底遺跡から最大幅46㎜のセタシジミの貝殻が出土と発表
4.11 国道161号西大津バイパス全線開通
4.15 北海道豊浜トンネル崩落事故をうけた緊急点検で永源寺町の相谷（あいだに）トンネルなど３ヶ所に対策が必要と判定
4.19 彦根市の「彦根藩井伊家文書」が重文に。大名家文書の重文指定は初
4.26 国史跡・草津宿本陣の保存修理事業が完成、一般公開へ　▷彦根市に平和堂による複合商業施設ビバシティ彦根がオープン
5. 8 永源寺町の鈴鹿山系に生息するクマタカの死体から毒性化学物質検出
5. 9 宇野宗佑元首相が次期衆院選の立候補を辞退、政界引退を表明
5.13 県のびわこ空港地元折衝費文書非公開訴訟で住民勝訴
5.17 米原町に鉄道総合技術研究所の風洞技術センター竣工。鉄道専用の風洞施設は世界初
5.23 野洲町の甲山古墳から鉄製の馬のよろい破片が出土と発表。全国２例目
6. 4「三井の晩鐘」「彦根城の時報鐘と虫の音」が環境庁「日本の音風景百選」に選定
6. 9 大津市長選で山田豊三郎が５選
6.18 守山市、野洲町、中主町の３農協統合で「おうみ冨士農協」設立へ
6.21 県内初のFMラジオ局「エフエム滋賀」創立総会（12.1、本放送開始）
6.23 木之本町長選で藤田市治が無投票４選
6.27 守山市の下之郷遺跡から環濠集落に架かる土橋跡や建物跡が出土と発表
7. 3 草津市の野路岡田遺跡から縄文中後期の漁労の重り石などが出土と発表
7. 5 彦根市の旧西郷屋敷長屋門修復終了
7. 9 大津、守山両市と高島町の琵琶湖の渚が「日本の渚・百選」に
7.13 草津市烏丸半島に水生植物公園みずの森オープン
7.24 病原性大腸菌O157の影響で大津市内の幼稚園や小中学校のプール使用中止

8. 3 彦根市JR河瀬駅近くの踏切付近で作業員3人が新快速にはねられ即死
8. 6 全国高校総体女子ホッケーで伊吹高が3年ぶり優勝
8.10 近江高が夏の甲子園へ
9. 2 小堀遠州らを顕彰する「五先賢の館」が浅井町に完成
9. 3「麗しの滋賀建築賞」に近江八幡市「酒遊館」、彦根市「夢京橋キャッスルロード」など7件
9. 7 野洲町の円光寺で盗まれた重文の仏像が見つかり、暴力団組員ら逮捕
9.12 守山市と野洲町にまたがる二ノ畦遺跡で奈良～平安の建物群確認と発表
9.24 近江鉄道100周年記念列車が運行
9.26 新旭町の清水山城遺跡で高島氏の居城とみられる建物群を確認と発表
10. 4 建設省景観大賞の水空間部門で長浜市国友町の景観形成事業が選出
10. 8 国の文化財審議会が大津市の穴太(あのう)廃寺跡を史跡に指定するよう答申
10.11 長浜市の墓立遺跡から古墳前期の鎮火祭祀跡が出土と発表。全国2例目。
10.14 びわ町長選で中川和生が初当選
10.20 **衆院選3小選挙区で1区新進、2区さきがけ、3区無所属が当選。自民は近畿比例で1人当選のみ ▷草津市烏丸半島に県立琵琶湖博物館オープン。国内最大の淡水水族館など、琵琶湖のすべてを紹介**(10.19、開館記念シンポジウムで秋篠宮がナマズの研究発表)
10.22 高島町長選で萬木綱一が無投票3選
10.30 **元びわこ銀行員が不正流用で逮捕。その後の調べで総額37億円と判明**
11. 1 土山町─三重県関市の旧東海道鈴鹿越えが文化庁「歴史の道百選」に ▷7農協統合「北びわこ農協」設立へ
11. 2 **「大津パルコ」オープン**
11. 8 八日市市の雪野山古墳が県内最古の前方後円墳と判明したと発表
11.12 5農協統合「東びわこ農協」設立へ
11.13 安土町の観音寺城下町遺跡から戦国後期の将棋の駒13枚が出土と発表
11.16 糸賀一雄記念財団の設立記念集会
11.29 能登川町長選で杉田久太郎が無投票3選
12. 3 立命館大びわこ・くさつキャンパスに産学連携ラボラトリー完成
12. 4 栗東町の人口が5万人を突破
12.10 県人口が130万人を突破
12.12 びわこ空港が第7次空港整備5ヶ年計画に組み入れ決定
12.16 国の天然記念物アユモドキなど4種類の魚が姿を消していることが判明
12.18 夏原平次郎平和堂会長が国宝「彦根屏風」購入費12億円を彦根市に寄付
12.20 名神栗東─瀬田東間6車線化完成
12.21 大津市湖岸のなぎさ公園に野外ステージなどを備えた市民プラザ完成
12.26 栗東町の新開古墳から古墳時代中期の大型の船形埴輪が出土と発表

どんな年？

漢字	**食** 大河ドラマ **秀吉**
本	**春山茂雄『脳内革命』『脳内革命2』(サンマーク出版)**
映画	**ミッション・インポッシブル**
流行語	**自分で自分をほめたい、友愛**
内閣	**村山富市 ～1.11** **橋本龍太郎[1] 1.11～11.7** **橋本龍太郎[2] 11.7～**

1.11 橋本内閣発足(自社さ連立)
2.16 菅直人厚相、薬害エイズ問題で国の責任認め、患者に直接謝罪
3.25 EU、狂牛病により英国産牛肉を禁輸
7.11 公安調査庁、公安審査委員会にオウム真理教の解散を請求
7.12 大阪府堺市の小学校給食でO157集団感染(7.23、女児が死亡)
7.19 アトランタ五輪(～8.4)。マラソン有森裕子が2大会連続メダル
10.20 衆院選、初の小選挙区比例代表並立制。自民復調、社さ惨敗(11.7、自民が3年3ヶ月ぶり単独政権)
12.17 ペルー日本大使公邸人質事件

平成９年 1997

●25年間の琵琶湖総合開発事業が終結（写真）
○周辺整備縮小など、びわこ空港計画大幅に見直し
○第１回世界古代湖会議が琵琶湖博物館で開催

▼稲葉稔③

1. 7 県がインターネットのホームページを開設し、情報発信開始 ▷県立福祉用具センターが草津市の県立長寿社会福祉センター内にオープン

1.17 日野町で全国初の住民による町情報公開条例制定の直接請求（3.24、町議会が体制不備を理由に否決）

1.21 ２町長選で無投票当選。信楽町：杉森一夫３選、蒲生町：安井一嗣４選

1.26 **奥伊吹スキー場雪崩で１人死亡** ▷マキノ町長選で吉原俊嗣が初当選

1.30 彦根市が井伊家から購入した国宝「彦根屏風」が彦根城博物館に

2. 1 近江八幡市がヴォーリズ生地の米カンザス州レブンワース市と「兄弟都市」

2. 6 草津市の大将軍遺跡から奈良時代の特殊な形の円面硯（すずり）が出土したと発表 ▷県国土利用計画地方審議会がゴルフ場など大規模開発抑制の初方針

2.11 彦根市制60周年と、ひこね市文化プラザ開館を祝う記念式典

2.13 大津の加賀藩蔵屋敷が確認できる絵図２枚が市内旧家から発見と発表

2.20 草津市が大阪府摂津市と災害時の相互応援協定を締結

3.12 琵琶湖の北湖に新種のバクテリア「チオプローカ」。富栄養化による「貧酸素化」を裏付け

3.18 大津市の惣山遺跡で11世紀初頭までの倉庫跡を確認と発表

3.28 第３セクター瀬田川リゾート会社が解散を決議。バブル崩壊で挫折

3.31 **25年間にわたる琵琶湖総合開発事業終結。国と県、市町村が21事業、水資源開発公団も治水・利水事業展開**

4.14 **県が食糧費関連文書を公開、接待相手も公開すると表明**

4.19 **日野町に滋賀農業公園ブルーメの丘オープン（11.21、入場者100万人に）**

4.20 彦根市長選で中島一が再選

4.30 滋賀県立大の湖沼環境実験施設が完成。新実習船「はっさか」も披露

5.13 前年の草津市への観光客が100万人を突破。本陣、水生植物園、琵琶湖博物館のオープンが寄与

5.14 湖北町の湖北野鳥センター（1988.11.18開設）に隣接して琵琶湖水鳥・湿地センターがオープン

5.19 滋賀医大が顕微鏡を使って精子を卵細胞に注入することに県内初成功 ▷日本醗酵機構余呉研究所主催の全国伝統食品シンポジウムが草津市で

5.20 琵琶湖博物館の調査船「うみんど」が初就航

5.23 大津市坂本の本家鶴㐂（つるき）そば主屋が国の登録有形文化財に

6. 1 現職の交通死亡事故にともなう伊吹町長選で多賀栄之が初当選 ▷第３セクターのCATV局「近江八幡ケーブルネットワーク」が開局

6. 3 前年度の観光客が初めて4000万人を突破。琵琶湖博物館や秀吉博が寄与

6.10 野洲町の錺（かざり）金具職工房で重さ３ｔもある日本一の神輿が完成

6.11 守山市の播磨田遺跡から３世紀前半とみられる木棺が出土と発表

6.23 **琵琶湖博物館で初の世界古代湖会議。世界23ヶ国の研究者らが参加（～6.29）** ▷立命館大びわこ・くさつキャンパスにハイテク・リサーチ・センター完成

6.24 **県議会が、斡旋収賄の疑いで再逮捕された西村誠之県議に対する辞職勧告決議を全会一致で採択**

6.29 台風８号でJR比良駅構内に停車中の貨物列車３両が横転。けが人なし

7. 6 甲賀町長選で福井忠市郎が初当選

7. 8 びわこ空港計画の見直し案を県が発表。位置の変更、臨空産業団地の棚上げなど、計画を大幅に縮小。事業規模も当初見通しの3分の1以下の約1580億円に

7.11 宮家への謝礼金で揺れたびわこ競輪高松宮杯が「記念杯」の名で存続へ

7.12 大津市に計画中の大戸(だいど)川ダム建設にともなう集団移転がほぼ完了し、移転先の上田上(かみたなかみ)大鳥居で開村式

7.17 獰猛な外来魚コクチバスを琵琶湖など6県の湖・ダムで確認

8.13 新旭町の熊野本遺跡が弥生中後期の大規模な高地性集落跡と判明

8.24 今津町長選で山口武が初当選

8.25 森鷗外の祖父白仙、母峰子ら肉親3人の遺骨を土山町の常明寺で発見

8.29 地域団体を支援する淡海ネットワークセンターが4事業をスタート

9. 5 近鉄百貨店草津店オープン

9. 8 草津市は同じ名前の縁から群馬県「草津」町との友好交流協定に調印

9.14 安曇川町長選で福井俊一が初当選

9.19 大津市坂本が国の重要伝統的建造物群保存地区に

9.30 京阪電鉄の穴太―坂本間が複線化

10.12 京都市の地下鉄東西線開通にともない、京阪京津線が御陵駅から乗り入れ

10.14 大津市の円満院門跡の重文「宸殿(しんでん)」などが差し押さえられ、競売へ

10.17 旧安土巡査駐在所など4件を国の登録文化財に指定するよう答申

10.25 JR琵琶湖線で連続発生した列車妨害事件で兵庫県出身の男を逮捕

10.26 甲良町長選で山本日出男が4選 ▷ 野洲町の田中山で山火事、30時間燃えつづけハゲ山に(～10.27)

10.28 市町村や業界団体からの接待授受を禁止する県職員倫理規定を制定

10.29 地球温暖化防止京都会議を前に草津市で近畿ブロック会議

11. 4 新旭町の自衛隊饗庭野演習場で日米共同演習(～11.17)。日米防衛新ガイドライン決定直後で抗議相次ぐ

11. 8 能登川町立博物館と同図書館、埋蔵文化財センターが開設

11.12 鈴鹿ドライブウエイが全線無料化

11.19 姉川左岸地区灌漑(かんがい)排水事業の竣工式。18年ぶりの完成

11.26 県の環境学習船「うみのこ」乗船児童数が25万人を突破

12. 4 滋賀医科大付属病院が申請していた臓器提供や脳死判定基準を承認

12.17 びわ湖放送は、全国放送で体調不良者が続出したアニメ「ポケットモンスター」放送回を中止

12.15 守山市の県成人病センターが開胸手術なしの動脈管開存症治療法に成功

12.18 37億円を横領したとされた、びわこ銀行元行員に懲役8年の実刑判決

12.21 日野町野出地区で行われた空港建設への住民投票で反対が3分の2超

どんな年?

漢字	**倒** 大河ドラマ **毛利元就**
本	**『ビストロスマップ完全レシピ』(扶桑社)**
映画	**もののけ姫**
流行語	**失楽園、ガーデニング、マイブーム**
内閣	**橋本龍太郎[2]**

4. 1 消費税率3%から5%に引き上げ

5.18 カンヌ映画祭で「うなぎ」最高賞

5.27 神戸市で小6男児の切断頭部発見、酒鬼薔薇事件(6.28、中3男子逮捕)

6.17 臓器移植法成立(10.16、施行)

7. 1 英、香港を中国に返還

9. 6 ベネチア映画祭「HANA-BI」最高賞

9.23 日米政府、有事を想定した防衛協定の新ガイドライン合意

10. 1 長野新幹線高崎―長野間が開通

11.24 山一證券が経営破綻

12. 1 地球温暖化防止京都会議、CO_2 削減決議

平成10年 1998

●知事選・参院選のダブル選挙、國松新知事誕生（写真）
○汚職事件で近江八幡市長逮捕、出直し市長選
○近江八幡市の「献穀祭」訴訟で違憲判決

▼稲葉稔③

1.14 栗東町の小柿遺跡から7～9世紀の8棟の掘立柱建物跡が出土と発表
1.26 大津市の古琵琶湖層から約50万年前のツルの足跡化石28個が出土と発表
1.28 守山市の下之郷遺跡で弥生中期の9重の大環濠集落を確認と発表
1.31 近江高が選抜高校野球出場へ
2. 1 五個荘町に外村繁文学館が開館
2.25 栗東町の辻遺跡工房跡から蓋付き石製容器「合子」の破片が出土と発表
3. 1 虎姫町長選で上田昌之が4選
3. 3「三方よし」の原点、近江商人の家訓原文が子孫宅で見つかったと発表
3. 5 多賀大社のケヤキなど3件が県自然記念物に指定
3. 8 甲南町長選で山本悟が再選
3.11 大津市の近江国庁跡から8世紀の大型建物跡2棟が出土と発表
3.12 草津市の柳遺跡から弥生後期の竪穴式五角形住居跡などが出土と発表
3.21 伊吹町に伊吹山文化資料館が開館
3.22 守山市に佐川美術館が開館
3.24 立命館大びわこ・くさつキャンパスで経済・経営両学部の新学舎が完成
4. 1 彦根ご城下巡回バスにレトロボンネットバスが登場（～2017.10.31）
4. 5 近江八幡市長選で玉田盛二が再選
4.10 山東町立柏原宿歴史館が開館
4.14 今津町に「琵琶湖周航の歌資料館」がオープン
4.16 栗東町が奈良県香芝市と災害相互応援協定を締結
4.19 永源寺町長選で久田元一郎が再選
4.20 竹生島付近の琵琶湖にセスナ墜落
4.21 高島町内最古の民家が染織工房「びれっじ2号館」としてオープン
4.23 複合商業施設「浜大津アーカス」開業 ▷栗東町辻の辻遺跡から4世紀末の玉造り工房跡が出土と発表
4.25 朽木村にオートキャンプ場が完成
5.19 **宇野宗佑元首相が死去**（7.18、大津市の県立体育館で県民葬）
5.26 中主町長選で田中政之が無投票3選 ▷草津市の門ヶ町遺跡から弥生中期の環濠跡と石剣など出土と発表
5.29 県職員の県内旅行日当を半減、宿泊料などの役職別ランクなど廃止
5.31 西浅井町長選で島脇与志雄が初当選
6. 1 日野町のブルーメの丘に美術館開館
6. 4 求法寺走井元三大師堂など17件を県指定文化財に
6. 5 守山市の下之郷遺跡から弥生中期最大級の壁立式建物の柱跡出土と発表
6.11 **高島信用組合が自主再建を断念** ▷守山市の伊勢遺跡から弥生後期の独立棟持柱付き高床式建物跡が出土と発表（12.21、楼閣とみられる縦板壁を持つ二層式の大型掘立柱建物跡も）
6.27 県内に分布するトンボは98種で、96種確認の大津市は全国最多と判明
6.28 びわ町長選で久保田源太郎が初当選

▼國松善次① 7・20～

7.12 **知事選で國松善次が初当選。**参院選で自民党の河本英典が再選
7.17 大津市の近江神宮、マキノ町の大村家住宅を国の登録文化財として答申
7.28 近江高が夏の甲子園出場へ
7.30 自衛隊饗庭野演習場で実弾射撃訓練中の砲弾が暴発、隊員3人が死傷
8. 6 滋賀など9県の商議所が三重・畿央地域への首都移転を求める特別決議
8.24 大津市柳が崎の琵琶湖ホテルが浜大津への移転を控えて営業終了
9. 1 米原駅東口に新駅舎が完成
9. 3 県内有権者数が初の100万人突破、衆院1区と2区の1票格差は約1.5倍
9. 5 **大津市に県立芸術劇場びわ湖ホール**

がオープン

9. 7　新旭町の熊野本遺跡から弥生中期の鉄器が大量に出土と発表

9. 9　栗東町の下鈎(しもまがり)遺跡から高さ3.4cmの日本最小の銅鐸が出土と発表

9.17　野洲町で「びわ湖会議」結成20周年記念シンポジウム

9.21　**びわこ空港にからむ県の接待費返還訴訟で返還命令判決　▷國松知事が空港問題を公聴会方式で県民の意見を聴く方針を表明**

9.24　明治10年代の大津市長等地区の町並みの彩色写真をカナダで発見。現存する大津市街の写真では最古

9.22　台風7号が直撃。3人死亡、文化財被害29件、農業被害7億2000万円

9.30　大津市の姉妹都市との国際交流施設ヴュルツブルクハウスが完成

10. 1　**琵琶湖ホテルが浜大津で移転開業**

10. 4　**大津市制100周年記念イベント閉幕**

10. 6　土山町長選で松山正己が無投票4選

10. 9　水口町で発見されたワニの足跡化石から、230万年前の琵琶湖にワニが生息していたことを裏付けると発表

10.12　**びわこ空港問題で県民投票条例の制定に向けた署名運動がスタート**

10.13　土山町にダチョウ牧場がオープン

10.16　虎姫町五村別院本堂と表門が重文に、近江八幡市日牟(ひむれ)禮庵、蒲生町ガリ版伝承館など4件が登録文化財に

10.18　台風10号で西明寺本堂など破損、農業関係含め1億6000万円の被害

10.20　オーミケンシ彦根工場が紡績部門の操業を停止。81年の歴史に幕

10.22　初の「滋賀（びわ湖）環境ビジネスメッセ」が長浜ドームで開幕

10.25　栗東町長選で猪飼峯隆が5選

10.28　**玉田盛二近江八幡市長を工場誘致にからむ収賄容疑で逮捕（12.13、近江八幡市長選で川端五兵衛が初当選）**

11. 4　蒲生町の木村古墳群から5世紀中頃の方墳が出土と発表

11. 8　八日市市長選で中村功一が無投票再選

11.12　甲賀町議会が産業廃棄物処理場建設を問う住民投票条例を否決

11.15　浅井町長選で角川誠が初当選

11.18　草津市の大将軍遺跡から奈良後期の絵馬が出土と発表

11.19　多賀町の芹川地層からナウマンゾウの牙の化石が出土と発表

11.20　中主町の八夫(やぶ)遺跡から平安後期の化粧箱が出土と発表

11.29　虎姫町長選で上田昌之が5選

12. 3　県建設省所管公共事業監視委員会は、姉川、北川、栗栖の3治水ダムの事業継続の妥当性を認める結論

12. 6　大津市の温泉宿泊施設付きレジャーランド「びわ湖パラダイス」閉館

12.11　永源寺第2ダム容認発言の久田元一郎永源寺町長への不信任決議案否決

12.15　**近江八幡市による「献穀祭」公金支出に大阪高裁が違憲判決**

12.16　水口神社本殿が全焼。重文の木像女神坐像は無事

12.20　高月町長選で北村又郎が初当選

どんな年？

漢字	**毒**　大河ドラマ　**徳川慶喜**
本	**池田大作『新・人間革命』1・2・3（聖教新聞社）**
映画	**タイタニック**
流行語	**ハマの大魔神、凡人・軍人・変人、貸し渋り**
内閣	**橋本龍太郎2　～7.30** **小渕恵三　7.30～**

2. 2　郵便番号7けたに変更

2. 7　長野冬季五輪（～2.22）。清水宏保スピード「金」など日本10メダル

4. 5　明石海峡大橋が開通

6.22　金融監督庁が発足。大蔵省の金融機関部門を独立

7.12　参院選で自民惨敗、民主・共産躍進

7.25　和歌山市で毒物カレー事件

10.23　日本長期信用銀行に金融再生法を初適用、一時国有化（12.13、日債銀も）

平成11年 1999

● G8環境サミットの滋賀開催が決定（写真）
○びわこ空港住民投票条例案を否決
○長浜市長選で川島信也が返り咲き

▼園松善次①

1. 8 びわこ空港建設の是非を問う県民投票条例制定をめざす団体が県内有権者の13%にあたる13万2095人の署名簿を市町村選管に提出（3.12、県議会で否決）

1.12 ４市町長選で無投票当選。湖北：丸岡一至初当選。余呉：畑野佐久郎３選（1.19、五個荘：小串勲３選。1.24、守山：甲斐道清再選）

1.24 新旭町長選で海東英和が初当選

1.26 前年度の「近隣景観形成協定」地区に、伊吹町春照、草津市大宮、守山市笠原、近江八幡市岩倉、多賀町南後谷、多賀町多賀の６地区を認定

2. 3 長浜市の北陸自動車道で積雪により30台以上の玉突き事故。重軽傷７人

2. 9 甲賀町の櫟野(らくや)寺本堂が全焼。本尊の十一面観音座像（重文）は無事 ▷守山市の下之郷遺跡から全国初ほぼ完成品の木製盾が出土（3.12、稲もみに熱帯ジャポニカ。10.29、ゲンゴロウブナの骨大量発見。漁業証明か）

2.23 大津市の史跡近江国庁跡で８世紀中頃創建時の整備区画が確認と発表

2.24 江戸末期の「琵琶湖眺望真景図」が見つかったと大津市歴博が発表

2.25 多賀町のアストロパーク天究館が発見した小惑星を「国友一貫斎」と命名

3. 2 安土城跡から創建時に近いほぼ完形の金箔瓦が出土と発表

3. 3 龍谷大瀬田学舎６号館が完成

3. 8 ヤコブ病訴訟で大津市が硬膜移植による薬害と認め、甲西町の患者夫妻と覚書

3.16 県北部を震源（M5.1）とする震度４の地震で公共交通機関が混乱

3.17 「守山ボタル」復活をめざす市民団体が本格的に人工飼育した幼虫約500匹を放流

3.27 多賀町立博物館が開館

3.29 信楽高原鐵道事故の民事訴訟で大阪地裁が同鉄道とJR西日本に約５億円の賠償命令。JRの責任を初認定

4. 2 経営破綻し県信用組合と滋賀銀行に事業譲渡される高島信用組合が営業終了。44年間の歴史に幕

4.20 ４町長選で無投票当選。野洲：山崎甚右衛門再選、秦荘：北川眞道４選、石部：西岡種夫３選、水口：西川勝彦再選

4.21 今津町の日置前廃寺遺跡から「天女の飛天」彩色壁画片が出土と発表

4.25 ３町村長選。甲西：関治夫、近江：山口徹初当選、朽木：澤井功３選

5. 8 湖西初の本格球場・今津スタジアム完成 ▷近江八幡市でヴォーリズ銅像の除幕式

5.18 野洲町の上水道南桜水源地の管理棟と新貯水池が完成

5.22 大津市大石と京都府南部を結ぶ曽束第１トンネル貫通式

5.23 彦根の城下町をイメージした夢京橋キャッスルロードの完成式典

5.24 水口町が戸籍事務を県内初電算化

5.25 湖東町長選で石原藤嗣が無投票再選

6. 9 マキノ町生来橋の架け替え工事完成

6.13 伊吹町の上平寺城跡が国内最古級の城下町遺構だと確認と発表

6.17 新旭町饗庭に三菱電機がミサイル製造工場建設を計画していると判明。町は届出を受理せず、議会などと協議へ（7.12、建設を断念）

6.24 甲賀郡内最大級の商業施設・西友水口店オープン

6.28 大雨で大津市高橋川擁壁が崩壊。栗東町２戸床上浸水、11戸床下浸水

7. 1　守山市の伊勢遺跡から祭祀場とみられる高床式建物跡が出土と発表
7. 4　愛東町長選で権並清が再選　▷ボート全日本軽量級男子かじなしフォアで東レ滋賀10年ぶり２度目の優勝。女子ダブルスカルで滋賀銀行初優勝
7. 6　中主町の光相寺遺跡から渡来人定住説を裏付ける建物跡が出土と発表
7.10　朽木村に観光牧場オープン
7.20　マキノピックランド新装オープン
7.26　高島町「畑(はた)の棚田」が農水省「日本の棚田百選」に
7.31　彦根市の第３セクター「夢京橋」が物販「招福本舗」をオープン
8. 3　山東町選で三山元暎が無投票再選
8. 5　滋賀大、県立大の学生28人が結核に集団感染、うち４人が発病と発覚
8. 8　守山市沖の琵琶湖で花火見物帰りのモーターボート２隻が、魞(えり)網のロープに引っかかり６人死傷
8.12　蒲生町のびわこ空港推進団体がシンポジウム。反対派含む600人参加
8.16　マキノ町の上開田(かみかいで)薬師堂で秘仏・薬師如来像（重文）を33年ぶり開帳
8.17　高島町沖の琵琶湖底・三ツ矢千軒遺跡で人家の角柱２本など発見と発表
8.18　スーパー平和堂長浜店で２歳女児が男に包丁で切られ重体
8.27　中江藤樹の縁で安曇川町と愛媛県大洲市が友好提携を締結
9. 2　「近江八幡水郷めぐり」の商号使用で「近江八幡和船観光協同組合」と「近江八幡水郷めぐり観光」が和解
9. 7　安土町長選で仙波秀三が無投票再選
9. 8　大津祭の曳山「月宮殿山」の見送り幕（重文）が400年ぶり復元新調
9.17　日野町の旧正野薬店店舗や蔵など３件を登録文化財指定するよう答申
9.24　たばこ小売業者に売上５％を交付する栗東町の「たばこ条例」が国や県の強い指導により１年３ヶ月で廃止に
9.29　土山町のゴルフ場が事実上の倒産。負債総額は400億円
10. 1　栗東芸術文化会館さきらオープン
10. 3　米原町長選で宮川潤造が初当選
10.12　愛知川町長選で平元真が無投票再選
10.24　長浜市長選で元市長の川島信也が、前回敗れた現職らを破り返り咲き
11. 8　安曇川町の若松神社本殿（重文）の解体修理が完了
11.15　豊郷町長選で大野和三郎が初当選　▷日本中央競馬会栗東トレーニングセンター開場30周年記念式典
11.26　大津市などの南湖でユスリカが異常発生
12. 1　滋賀県立大学に風力発電の研究実験装置が完成　▷トンネル壁崩壊が相次ぐJR西日本が赤外線を使った検査装置の公開テストを湖西線高島トンネルで実施
12.14　日野町の近江商人「正野玄三家」で、江戸時代から明治時代にかけての帳簿など約5000点が見つかる
12.20　国会等移転審議会が首都機能の移転候補地を首相に答申。滋賀を含む「三重・畿央」は準候補地に
12.26　びわ町長選で橋本健が初当選

どんな年？

漢字　**末**　大河ドラマ　**元禄繚乱**
本　**乙武洋匡『五体不満足』（講談社）**
映画　**アルマゲドン**
流行語　**雑草魂、ブッチホン、リベンジ**
内閣　**小渕恵三**

1. 1　EU11ヶ国、単一通貨ユーロ導入
2.22　NTT ドコモ「i モード」開始
2.28　初の脳死判定による臓器移植手術
3.27　日産、ルノーとの提携締結
4.11　東京都知事に石原慎太郎が初当選
8. 9　「日の丸」「君が代」法制化
8.20　第一勧銀、富士、日本興銀が統合発表
10. 1　要介護認定申請受付スタート
12. 1　派遣労働の業種を原則自由化

平成12年 2000

●國松知事がびわこ空港の一時凍結を表明（写真）
○総選挙で武村正義落選、自民が２選挙区制す
○国道161号バイパス用地買収にからむ詐欺事件

▼國松善次1

1.18 志賀町役場の新庁舎が竣工
1.20 滋賀医大が磁気共鳴（MR）画像を見ながら診断と治療が同時にできる「開放型MR装置」を日本初導入
1.25 **栗東町の産廃処理場から高濃度の硫化水素を検出と発表（9.21、酸化鉄を含む土で覆い無害化する対策案）** ▷水口町が国際規格「ISO14001」の認証を県内自治体で初取得したと発表
1.30 志賀町長選で北村正二が３選
2. 1 西浅井町にJR湖西線永原駅の新駅舎が完成
2. 5 県と６市15町が「琵琶湖ラムサール条約連絡協議会」を設立
2. 7 能登川町の石田遺跡から青銅器精錬の痕跡が出土と発表（5.11、日本最古とみられる古墳時代前期の馬鍬も）
2. 9 JR大津駅南口がオープン。駅南側の複合ビル「プエルタ大津」が竣工
2.10 安土城本丸跡から天皇を迎える御殿らしい建物遺構が出土と発表
2.22 大津市の蘆花浅水荘（重文）の保存修復工事が完了
2.28 関西電力が木之本町に計画中の揚水式金居原（かねいはら）発電所の稼働先送り表明
3. 1 長浜市に北ビワコホテル・グラツィエがオープン
3. 6 県が環境管理の国際規格「ISO14001」の認証を取得
3. 7 県がブラックバスなど外来魚の買い上げ制度の７年ぶり再開を決定
3. 9 京都銀行が県内進出の方針（12.4、草津支店開店）
3.13 琵琶湖研究所の自律型潜水ロボット「淡探（たんたん）」完成　▷多賀町長選で夏原覚が再選
3.22 安曇川に全面魚道を備えた床止完成
3.24 県内初の小学校・開知校校舎（長浜市）が観光スポットとして復元
4. 1 守山市に県内初の４年制女子大、平安女学院大学が開学
4. 7 **大津市で先進８ヶ国環境大臣会合（G8環境サミット）開幕（～4.9）。地球温暖化ガス削減目標を決めた京都議定書の発効時期など論議。共同宣言では淡水資源問題への対策も**
4.19 半導体メーカーのロームが立命館大びわこ・くさつキャンパスに建設していたLSI設計などの研究施設完成 ▷近江八幡市がCATV幹線網による地域情報化を担うマルチメディアセンター完成、業務開始
5. 7 戦国武将藤堂高虎ゆかりの市町が交流する「高虎サミットIN甲良」
5.20 秦荘町の金剛輪寺で本尊の聖観世音菩薩像が34年ぶりに開帳
5.26 全国ホタル研究大会守山大会
5.28 大津市長選で山田豊三郎が６選
5.30 市民参加型の環境ネットワークをめざす共同プロジェクト協定を県とNTT先端技術総合研究所が締結
6.13 ２町長選で無投票当選。木之本町：藤田市治５選、竜王町：福島茂３選
6.22 長浜市の人口が６万人を突破
6.25 **衆院選で１区川端達夫（民主）、２区小西哲（自民）、３区岩永峯一（自民）当選。２区で武村正義元蔵相が落選**
7. 1 守山市が市制30周年記念式典
7. 6 大津市の不動産会社「大倉産業」倒産。負債総額は1092億円
7.19 志賀町の比良リフト・ロープウェイ改修と山麓駅の建て替え工事完了
7.21 **志賀町の比良山で睡眠薬入り缶コーヒー事件（～7.22）**
7.23 大津市出身の日本画家、小倉遊亀が東京都内で死去。105歳

8.28 琵琶湖の水位が－79㎝に達し、県が５年ぶりに渇水対策本部設置（9.9、琵琶湖と淀川からの取水を10％制限）

9．3 大津市と志賀町で地震災害総合訓練 ▷県内初の人工芝野球場「草津グリーンスタジアム」が完成 ▷長浜市で「石田三成400年祭」

9．4 **信楽町の杉森一夫町長らが右翼団体幹部からイベント妨害中止の見返りに100万円を脅し取られたと判明（10.31、町長が辞任）**

9.12 **志賀町で建設中の国道161号バイパス用地買収にからむ詐欺容疑などで国道事務所と町担当職員、不動産業者らを逮捕（10.19、1000万円収賄容疑で町課長補佐らを逮捕）**

9.13 三宅島の噴煙の影響で県内全域に硫黄臭が漂う

9.14 米原町の鎌刃城跡から大規模な石垣積み土塁などが出土したと発表

9.17 県内で発掘された代表的な遺跡「20世紀近江発掘ベスト10」発表

9.20 マキノ町の北牧野古墳群の円墳から金銅製単竜環頭太刀が出土と発表

9.29 長浜市にジャスコを核とした市内最大の郊外型複合商業施設オープン

9.30 竜王町の竜王スケートリンクが閉鎖

10．1 長浜市に曳山博物館が開館

10.10 朽木村の朽木陣屋遺跡で堀や石垣などの遺構を初確認と発表 ▷余呉町営CATV局がテレビ回線を利用したネット接続サービスを開始

10.14 現存国内最古の旧長浜駅舎の隣に長浜鉄道文化館がオープン

10.15 信楽運動公園内に屋根付き多目的スポーツ施設「ウィング21」が完成

10.17 高島町長選で萬木綱一が無投票４選

10.22 参院補欠選挙で自民党の山下英利が初当選

10.22 米原町長選で村西俊雄が初当選

10.29 甲賀と伊賀（三重県）が連携して初めてPRする「忍者合戦」が甲南町で

11．1 JR草津駅直下を貫く地下道が開通

11．3 大津市に県立アイスアリーナ開場 ▷愛知川町が町制45周年記念式典

11．4 秦荘町が町制45周年記念式典

11.10 湖沼の環境保全に取り組む21ヶ国のNGOが集う「リビングレイクス国際会議」が近江八幡市で ▷21世紀の商人像を探る「全国AKINDOフォーラム」が近江八幡市で

11.20 **國松知事がびわこ空港計画を「しばらく立ち止まって考えたい」と表明（12.19、空港予定地を訪れ「計画凍結ではない」と釈明。12.26、事実上の凍結で県空港整備事務所を閉鎖）**

11.22 **信楽町の宮町遺跡などから天皇が重要な儀式を行う大規模な掘立柱建物跡や橋脚遺構が出土したと発表**

11.23 土山町が町制45周年記念式典

12.14 滋賀医科大と近畿大生物理工学研究所が「顕微授精―胚移植法」でカニクイザルの出産に成功したと発表

12.20 守山市の下之郷遺跡から溝で区切った最古の方形区画が出土と発表

どんな年？

漢字	**金** 大河ドラマ **葵 徳川三代**
本	**大平光代『だから、あなたも生きぬいて』（講談社）**
映画	**ミッション：インポッシブル２**
流行語	**おっはー、IT革命、Qちゃん**
内閣	**小渕恵三 ～4.5** **森喜朗[1] 4.5～7.4** **森喜朗[2] 7.4～**

2.13 グリコ・森永事件が最終時効

4．1 介護保険制度スタート

6.13 金大中韓国大統領、北朝鮮訪問

7.12 百貨店そごう経営破綻

7.19 2000円札発行

7.21 沖縄サミット（～7.23）

9．5 シドニー五輪（～10.1）。高橋尚子マラソン「金」など日本18メダル

10.10 ノーベル化学賞に白川英樹

11.24 ストーカー規制法が施行

平成13年 2001

●世界湖沼会議が県内各地で開催される（写真）
○薬害ヤコブ訴訟で大津地裁などが和解促す所見
○栗東町が市制移行し栗東市スタート

▼國松善次 1

1. 4　県が「電子県庁等IT推進本部」設立
1. 8　全国高校サッカーで草津東高が県勢として62年ぶり準優勝
1.10　長浜盆梅展が第50回の節目を迎えた
1.16　マキノ町長選で吉原俊嗣が無投票再選
1.20　薬害ヤコブ病大津訴訟の原告（大津市）が死去。23日には同訴訟の全国初の原告（甲西町）が死去し、生存原告が不在に
1.23　蒲生町長選で山中壽勇が無投票初当選
2. 1　能登川町の神郷亀塚古墳が全国最古級の前方後方墳と発表
2.16　琵琶湖固有種の新種プランクトン「スズキケイソウ」「スズキケイソウモドキ」を確認と琵琶湖博物館が発表
2.19　今津町で豊臣秀吉が若狭からの荷運送独占を認めた書状写本発見と発表
2.20　日野町長選で奥野弘三が無投票３選
2.28　新旭町の熊野本古墳群の１基が全国最古級の前方後方墳と発表（11.28、19号墳は直径約40mの円墳）
3.10　**さきがけ滋賀と民主党県連が合併し、さきがけは８年で消滅**　▷大津市で「滋賀の食事博」開幕（～3.11）
3.21　マキノ町海津の西内沼一帯に県の自然観察の拠点ビオトープが完成
3.23　日野町鎌掛小閉校、126年の歴史に幕
3.31　自動観測を続けていた彦根地方気象台の伊吹山測候所が観測を終了
4. 1　信楽町民らが「しがらき狸学会」設立
4. 4　近江八幡市にヨシ博物館オープン
4.15　県立大や龍谷大学生らが大津市の商店街で「ナカマチ祭り」開催
4.16　マキノ町沖の琵琶湖の魞でオオサンショウウオ発見。琵琶湖で２例目
4.22　彦根市長選で中島一が３選
4.25　木之本町と岐阜県坂内村を結ぶ国道303号八草トンネル供用開始　▷新旭町で「菜の花サミット」
5. 1　県の環境学習船「うみのこ」の乗船児童数が30万人を突破
5.19　安土町下豊浦の繖山から出火。５日間にわたる山火事
5.22　伊吹町長選で多賀栄之が無投票再選
5.23　全国伝統的建造物群保存地区協議会大会が近江八幡市で開幕
5.24　大津市雄琴のヨシ群落を破壊したとして、県警が県ヨシ群落保護条例違反で初めて遊船業者を強制捜査
5.25　ベンチャー企業を育成する「県立テクノファクトリー」が草津市に開所
5.31　余呉町の丹生ダム予定地付近でクマタカの抱卵放棄があったと発表
6. 3　矢橋の渡し（草津市矢橋港―大津市石場港）が約100年ぶりに復活
6.10　市民団体が古い空き町家を再利用した交流拠点「大津百町館」を開設
6.13　浅井町が岐阜県坂内村と災害協定
6.19　甲西町のカルビー工場製造の菓子から安全性未承認の遺伝子組み換えジャガイモを検出。県が回収命令
6.22　大津市の葛川少年自然の家が開設14年で利用者40万人に
7. 1　県警の水上警察隊が安曇川町の近江白浜水泳場で発足式
7. 2　薬害ヤコブ病訴訟が大津地裁で結審。被告の国と独製薬会社などと、原告の患者と家族に和解勧告（11.9、「被告には被害者救済の責任」と所見。11.22、被告が和解の席に着くと回答）
7. 7　草津市が烏丸半島に設置した風力発電施設「くさつ夢風車」の通電式
7. 8　甲賀町長選で西田貞夫が初当選
7.14　信楽町の県立陶芸の森10周年記念展
7.26　石山寺で国宝の「薫聖教」の一部とみられる経典類を発見したと発表

8.10 草津市の宝光寺で秘仏薬師如来立像（重文）が17年ぶり公開
8.22 夏の甲子園で近江高が県勢初準優勝
8.26 今津町長選で山口武が再選
8.30 朽木ゴルフ倶楽部が約120億円の負債を抱え、事実上、倒産
8.31 大津市の「びわ湖タワー」が閉鎖。最終3日間は観覧車を無料開放
9. 9 甲西町の「十二坊温泉ゆらら」の利用者が50万人を突破
9.10 国体のボート競技で県勢が4年ぶり12度目の競技別総合優勝
9.11 安曇川町長選で福井俊一が無投票再選
10. 1 **栗東町が市制施行し「栗東市」に** ▷湖東、愛東の新「湖東農協」発足 ▷高島郡3農協が「西びわこ農協」に
10. 5 今津町のごみ処理施設の解体費用がダイオキシン類の安全対策のため約10億円になり、解体が遅れることに
10. 6 栗東市での内閣府タウンミーティングに川口順子環境大臣らが参加
10.11 北大津高空手部員の集団暴行事件で7部員を逮捕
10.15 大相撲守山場所が9年ぶりに開幕
10.18 狂牛病（BSE）を調べる食用牛の全頭検査が全国一斉にスタート。近江八幡市の県食肉衛生検査所でも開始（12.5、県が緊急対策で約12億円の補正予算案）
10.20 戦国時代から伝わるのろし「流星」が米原町で7年ぶりに打ち上げ
10.28 **衆院滋賀2区補選で自民党の小西理が初当選** ▷甲良町長選で山本日出男が5選
11. 6 びわ町と湖北町にまたがる早崎内湖干拓地で県が再生実験
11.12 第9回世界湖沼会議が大津市で開会。最終日の16日には「琵琶湖宣言2001」を採択
11.13 信楽町の紫香楽宮「東脇殿」の一部発掘を発表。本格的な都だと判明
11.16 国の史跡に下之郷遺跡（守山市）、名勝に旧彦根藩松原下屋敷（彦根市）。史跡・堂ノ上遺跡（大津市）は指定範囲を拡大
11.25 大津市坂本に穴太衆積みの石垣を配した「石積みの郷公園」が完成
12. 4 前年の国勢調査で県の人口増加率が全国1位だったことが判明
12. 6 守山市の伊勢遺跡から弥生時代後期の円形に配置された祭殿形式の建物跡3棟が出土したと発表
12. 9 国道161号バイパスのマキノ—今津間完成
12.12 県が琵琶湖での砂利採取を2010年度までに段階的に廃止する方針 ▷豊郷小改築反対の住民が解体工事差し止めの仮処分を大津地裁に申請
12.25 大津市が全国でも珍しい「猿害対策室」設置を決定

どんな年？

漢字	**戦** 大河ドラマ **北条時宗**
本	**スペンサー・ジョンソン『チーズはどこに消えた？』（扶桑社）**
映画	**千と千尋の神隠し**
流行語	**聖域なき改革、明日があるさ**
内閣	**森喜朗[2] ～4.26** **小泉純一郎[1] 4.26～**

1. 6 1府12省庁制スタート
2.10 宇和島水産高「えひめ丸」、ハワイ沖で米原潜と衝突、沈没。9人死亡
3.31 大阪にユニバーサル・スタジオ・ジャパン（USJ）が開業
4.24 自民党総裁選、小泉純一郎が圧勝（4.26、小泉内閣発足、自自公連立）
7.29 参院選、小泉人気で自民党大勝
9.11 米で同時多発テロ（9.15、米、主犯をビンラディンと断定。10.7、アフガニスタンへの空爆開始）
9.11 大手スーパーのマイカルが経営破綻 ▷BSE感染牛を国内で初確認
10.10 ノーベル化学賞に野依良治
10.29 テロ対策特別措置法成立。自衛隊の米軍後方支援が可能に（2007.11失効）

平成14年 2002

○琵琶湖での外来魚リリース禁止条例が成立
○米原町、永住外国人に住民投票の投票資格
●新幹線の栗東新駅建設が決定（写真）

▼國松善次1

1.12 草津市志那町の琵琶湖に過去最多の47羽のコハクチョウが飛来

1.18 **周辺の市町との合併の是非を問う住民投票を前に、米原町議会が永住外国人に投票資格を認める全国初の条例案を可決** ▷滋賀医科大と龍谷大が学術研究や教育の交流協定を締結

1.23 雪印食品の牛肉偽装事件でスーパー平和堂は同社製品を店頭から撤去

1.24 **大津地裁が豊郷小改築計画で住民らの講堂解体差し止め仮処分申請に文化財価値を認める決定**

2. 8 近江八幡市の八幡山城豊臣秀次居館跡から多数の金箔瓦片が出土と発表

2.18 三重県のCATV局「ZTV」が申請した彦根、長浜両市での事業許可（12.16、試験放送開始）

2.22 薬害ヤコブ病訴訟で大津地裁が患者全員救済の和解案を提示

3. 6 **信楽町牧浄水場の送水ポンプの水から基準の30倍のフェノール類が検出、3300世帯が断水（3.15、復旧）**

3.14 安土城跡で城門跡とみられる枡形の入口の遺構を確認したと発表

3.19 滋賀県立大が環境科学分野で全国初の博士号を授与

3.21 新旭町の清水山城郭群から戦国後期の建物跡の礎石を発見と発表

3.24 浅井東中が閉校、55年の歴史に幕。4月から浅井中に統合

3.26 国道161号志賀バイパス不正用地買収事件で、国交省職員3人に有罪判決 ▷長浜市鳥羽上（とばかみ）町と山東町菅江を結ぶ新横山トンネルが開通

3.30 八日市市の国立滋賀病院の新病棟が完成

4. 1 マキノ高原温泉さらさオープン（9.13、入場者が10万人を突破）

4. 9 **大津市で逃走しようとした乗用車に警察官が発砲、男性が死亡** ▷永源寺町選で久田元一郎が無投票3選

4.10 彦根市と犬上郡3町、米原町でつくる合併研究会から米原町が脱会 ▷安土城考古博物館の入館者が60万人に

4.18 米原町に醒井水の宿駅（えき）オープン

4.19 大津市でアフリカ10ヶ国の水問題の担当閣僚による「ナイル流域円卓会議」開催（～4.20）

4.22 草津市で聖パウロ学園の理事長が襲われ重傷（10.8、同学園理事を逮捕）

4.23 前町長が公選法違反で辞職した湖東町長選で宮部庄七が無投票初当選

4.25 **JR東海社長、県知事、栗東市長が新幹線新駅設置の基本協定書に調印**（8.19、促進協で志賀町脱退の報告）

4.27 大津市に柳が崎湖畔公園オープン

5. 9 滋賀県立大が韓国政府機関の国史編纂委との学術交流協定締結を発表

5.19 伊吹町で姉川ダム完成式

5.27 県北部と福井県嶺南の商工団体が参加する経済団体協議会が設立総会

6. 4 西浅井町長選で熊谷定義が初当選

6.10 県内初の受精卵クローン牛が日野町の県畜産技術センターで誕生

6.14 草津川放水路で暫定通水式

6.18 **ヴォーリズ設計の豊郷小校舎改築の是非を問う町民アンケートで、保存約60％、全面改築約35％。（12.19、大津地裁が校舎解体差し止めを仮処分決定。12.20、町長の指示で工事業者が校舎窓枠を撤去。12.24、住民が町長を建造物損壊容疑で告訴。12.25、町長が校舎保存を表明）**

6.19 県内の公立図書館の貸出数が前年度1000万冊を超えたことが判明

6.22 彦根市の新市立病院が完成

7.6 永源寺町で「木地師サミット」
7.7 **県知事選で國松善次が再選。**県議彦根市選挙区補選で中沢啓子が初当選
7.17 江戸時代に朝鮮通信使をもてなした供応料理が約320年ぶりに、近江八幡市立資料館で再現
7.18 JR南草津駅前に複合商業施設フェリエ南草津がオープン
7.23 長浜城歴史博物館の入館者数が300万人を突破
7.28 草津市の光泉高が初の甲子園へ
8.3 膳所高グラウンドで聖武天皇の臨時宿泊所とみられる宮殿級の建物遺構出土と発表(9.13、奈良時代の軍事施設とみられる5本の溝と建物遺構)
8.4 石山寺で本尊の如意輪観音像の胎内から国内最古級の飛鳥仏など4体の小型銅製仏像が見つかったと発表
8.19 ヴォーリズ設計の銀行建物を利用した図書館跡に、ヴォーリズ建築様式を取り入れた今津町商工会館の起工式(2003.4.19竣工)
9.3 大津市の円満院門跡の土地建物競売で和歌山市の宗教法人が落札
9.18 住友大阪セメントが伊吹工場での生産を来春で中止すると発表
9.20 **野洲、中主両町議会が、守山市との法定合併協議会の解散を決議し、1市2町の合併協議が決裂**
10.2 近江八幡市の沖島と市民病院や小学校をつなぎ、遠隔医療などを可能にする湖底光通信ケーブルの開通式
10.6 土山町長選で下村博幸が初当選 ▷長浜市で小堀遠州をしのぶサミット
10.18 彦根市の松原内湖遺跡で見つかった彦根藩火薬庫跡は延焼防止塀を設けない特別な構造と発表
10.19 朝鮮通信使ゆかりのまち全国交流会近江八幡大会が開幕
10.20 大津市の南大津大橋と京都府宇治田原町方面への市道が開通
10.25 大津市で「アジア太平洋障害者の10年」最終年政府間会合
10.27 栗東市長選で国松正一が初当選
10.31 琵琶湖の水位が観測史上3度目の－100cmを記録
11.5 浅井町長選で角川誠が無投票再選
11.15 伊吹山頂の植物群落が国の天然記念物に(2003.7、正式指定)
11.17 八日市市長選で中村功一が3選
11.19 **関西電力が木之本町に計画していた金居原(かねいはら)水力発電所の建設中止を発表** ▷虎姫町長選で上田昌之が無投票6選
11.24 近江八幡市長選で川端五兵衛が再選
11.29 国交省「手づくり郷土賞」に、柳が崎湖畔公園(大津市)と四季の花咲く大樹の里(近江八幡市)
11.30 京阪電鉄京津線がワンマン化
12.10 **信楽町の鍛冶屋敷跡から聖武天皇が大仏造立のため創建した甲賀寺の大規模鋳造工房跡が出土と発表**
12.17 高月町長選で北村又郎が無投票再選
12.22 湖北町長選で丸岡一至が再選

どんな年？

漢字	**帰** 大河ドラマ **利家とまつ**
本	**J・K・ローリング、松岡佑子訳「ハリー・ポッター」4題(静山社)**
映画	**ハリー・ポッターと賢者の石**
流行語	**タマちゃん、W杯**
内閣	**小泉純一郎1**

1.1 EU単一通貨ユーロ流通開始
2.8 ソルトレイクシティ冬季五輪(～2.24)
5.31 日韓共催サッカーW杯(～6.30)、日本が決勝トーナメント進出
8.5 住民基本台帳ネットワーク開始
9.17 小泉首相が訪朝し金正日総書記と会談。北は拉致を謝罪(10.15、拉致被害者5人24年ぶり帰国)
9.27 日本鋼管と川崎製鉄が経営統合し、JFEホールディングスを設立
10.8 ノーベル物理学賞に小柴昌俊
10.9 ノーベル化学賞に田中耕一
12.1 東北新幹線盛岡―八戸間が延長開業

平成15年 2003

●校舎改築騒動で豊郷町長リコール、返り咲き（写真）
○琵琶湖で12人乗りヨット転覆、６人死亡
○衆院選で民主党旋風、４議席を獲得

▼園松善次[2]

1. 3 アメフト立命館大が日本一に
1. 5 全国高校サッカーで県代表の野洲が市立船橋に敗れベスト４ならず
1.19 余呉町長選で畑野佐久郎が４選
1.21 新旭町長選で海東秀和が無投票再選
1.26 守山市長選で山田亘宏が初当選。五個荘町長選で前田清子が初当選
1.30 関電エネルギー開発が大津市に計画していた針畑川発電所の建設中止
1.31 滋賀医科大と龍谷大が大学院修士課程の単位互換の協定を締結
2. 8 防衛庁から受注した旭化成工業あいばの試験場（新旭町）が日本保有の対人地雷廃棄を完了。同町で「地雷をなくそう！全国こどもサミット」開催
2. 9 草津市長選で芥川正次が初当選
2.13 能登川町の神郷（じんごう）亀塚古墳から棺を納める木槨（もっかく）墓跡が県内初出土と発表
2.20 延暦寺で仏教やキリスト教、イスラム教など21教団の代表が「イラク危機の平和解決を願う緊急集会」
2.28 ダイエー系列の十字屋が浜大津オーパからの撤退決定
3. 1 JR 能登川駅西口の土地区画整理事業が完成（3.15、新駅舎オープン）
3. 5 円満院門跡を落札した和歌山市の宗教法人が代金未払いで競売不成立
3. 9 **豊郷町の大野和三郎町長リコールで失職（4.27、出直し選で返り咲き）**
3.11 高島郡５町の合併協議会が新市名を「西近江市」と決定（9.2 ～、郡内郷土史家らが「高島市」への改名署名活動）
3.13 大津市の山ノ神遺跡から寺院の屋根飾りに使う大型鴟尾（しび）が出土と発表
3.20 第３回世界水フォーラムが滋賀でも開幕（～ 3.21）。水と平和など53分科会
3.27 滋賀県立大が４月に地域産学連携センターを開設すると発表　▷県道彦根米原線が全線開通
3.31 ５年ぶり２度目の選抜高校野球出場の近江が広陵に敗れベスト４ならず
4. 1 **外来魚の再放流禁止やレジャー用小型船舶の航行規制を盛り込んだ琵琶湖レジャー利用適正化条例が施行**　▷長浜バイオ大、びわこ成蹊スポーツ大（志賀町）、聖泉大（彦根市）が開学　▷今津町立図書館が今津ヴォーリズ資料館としてリニューアルオープン。９月に国の登録有形文化財に
4. 4 道の駅「草津」がオープン
4.10 石部町の旧東海道沿いに宿場風景を再現した松並木と観光施設が完成
4.13 県議選で47人が当選。新人が３割の14人を占め、女性が１人増
4.16 国民休暇村近江八幡に温泉オープン
4.27 朽木村長選で玉垣勝が初当選　▷近江町長選で山口徹が再選
5.16 高月町の古保利（こぼり）古墳群の史跡指定を答申　▷くつき温泉てんくうの入場者数が200万人を突破
5.20 センサーメーカーのオプテックスが東証一部上場。県内企業で４社目
5.23 余呉町の国有林で近畿屈指のブナ林約350ha と樹齢300年の巨木を発見
6.18 朽木村で国際トビケラシンポジウム
7. 3 大津市内で暴行され死亡した少年の遺族が、加害者の少年２人と保護者に損害賠償を求めた訴訟が和解
7. 6 愛東町長選で植田茂太郎が初当選
7.15 **産廃業者の事業許可取り消しをめぐり、脇坂武前県議を収賄容疑で、前県漁連会長らを贈賄容疑で逮捕**
7.17 旧長浜駅舎と長浜鉄道文化館に隣接して北陸線電化記念館が開館。３施設の総称を「長浜鉄道スクエア」に
7.18 **現職、前職県議の相次ぐ逮捕を受け**

て、県議会が政治倫理決議を可決

7.28 近江高が2年ぶり8度目夏の甲子園へ

7.29 大津市の人口が30万人を突破

7.31 栗東市の霊仙寺遺跡から白鳳時代の掘立柱建物跡や瓦が出土と発表

8. 3 山東町長選で三山元暎が3選

8. 4 信楽町黄瀬(きのせ)の鍛冶屋敷遺跡から「二竈領」との墨書土器片が出土と発表

8. 7 蒲生町の竹田神社から重文の神像2体の盗難が判明(9.1、町内で発見)▷信楽焼の陶器製手榴弾が沖縄戦で使われたことを信楽中生徒が確認

8.24 **パチンコ店建築確認にからむ斡旋(あっせん)収賄容疑で自民党政調会長の中川末治県議を逮捕**(9.7、辞職にともなう東浅井郡補選で前虎姫町長の上田昌之が初当選。9.12、建築確認を不正に許可したとして県職員ら5人を書類送検)

8.28 彦根市で1993年、新幹線のレールにチェーンが巻き付けられた事件時効

8.31 **志賀町の北村正二町長リコールで失職(10.19、出直し選で廃棄物焼却施設建設反対の山岡寿磨が初当選)**

9. 1 仏像など文化財盗難続発のため県教委が有形文化財防犯対策協議会設置

9. 7 安土町長選で津村孝司が初当選

9.11 守山市の古高・経田遺跡から川魞(かわえり)漁の漁具跡が出土したと発表

9.16 **志賀町沖の琵琶湖で12人乗りヨットが転覆、沈没。6人を遺体で発見**

9.23 西浅井町の腹帯観音堂で十一面観音菩薩像盗難。懸賞金300万円で捜索へ

9.26 「龍」「竜」の字が付く全国15の市町村が竜王町でドラゴンサミット

9.30 虎姫町長選で山内健次が無投票初当選

10. 1 滋賀工業会と県経営者協会が統合し「滋賀経済産業協会」の発足総会

10. 7 **大津市が全国10番目の「古都」指定**

10.12 長浜市長選で宮腰健が初当選

10.14 愛知川町長選で平元真が無投票3選

10.19 高島町が町制60周年記念式典

10.27 新旭町の自衛隊饗庭野演習場で日米共同訓練。1650人参加

11. 2 長浜市政60周年を市民が祝賀

11. 9 **衆院選4小選挙区で民主党が4議席**

11.10 草津市の下水処理場周辺の住民に県が迷惑料を支払うのは違法との訴えに大津地裁が2400万円の返還命令

11.12 信楽町の宮町遺跡から朝堂院西側に掘立柱建物跡2棟出土と発表

11.14 能登川町の神郷亀塚古墳から墓域を区画した溝を発見したと発表

11.19 大津市の関津遺跡から国内最古級の墨書土器が出土したと発表

11.21 伊吹町の京極氏遺跡と新旭町の清水山城館跡を史跡指定するよう答申

12. 3 豊臣秀吉の長男秀勝を弔ったという長浜市の妙法寺から石囲い埋葬施設

12. 5 八日市新エネルギー推進会議が太陽光を活用して市民発電所を稼働

12. 9 国交省の委員会が余呉町丹生(にう)ダムと大津市大戸(だいど)川ダム建設中止も含めた抜本的な見直しを求める意見書

12.11 長浜市の横山古墳群で姉川合戦の龍ヶ鼻砦など30の砦跡が判明と発表

12.21 びわ町長選で橋本健が再選

どんな年？

漢字	虎	大河ドラマ	武蔵 MUSASHI
本	養老孟司『バカの壁』(新潮新書)		
映画	踊る大走査線 THE MOVIE 2		
流行語	毒まんじゅう、なんでだろ〜、マニフェスト		
内閣	小泉純一郎1　〜11.19 小泉純一郎2　11.19〜		

3.20 米英軍、イラクへの軍事作戦開始

3.24 米アカデミー賞で「千と千尋の神隠し」に長編アニメ賞

4. 2 WHO、新型肺炎 SARS 拡大で香港・広東渡航の自粛促す

4.28 株価終値、バブル崩壊以来の最安値

5.23 個人情報保護関連5法が成立

6. 6 有事関連3法が成立

7.26 イラク復興支援措置法が成立

10. 1 新幹線品川駅が開業

平成16年2004

●「平成の大合併」で甲賀、湖南、野洲の３市が発足（写真）
○参院選で民主新人当選。国会議員数で自民を逆転
○芥川前草津市長を収賄などで逮捕、実刑判決

▼園松善次②

1.14 豊郷小旧校舎解体で大野和三郎町長を建造物損壊容疑などで書類送検
1.17 天智天皇が造営した近江大津宮の内裏北端を示す遺構が出土したと発表
1.25 **前市長の辞任にともない６人が立候補した大津市長選で目片信が初当選**
1.31 マキノ高原温泉さらさの入場者が30万人を突破
2. 4 近江八幡市の観光施設「あきんどの里」で飲食店など115㎡を焼失
2.14 浜大津一帯をライトアップする初の「浜大津春待ち灯り」（～2.21）
2.15 県の「マザーレイク21計画」を実現させるために主要河川の流域ごとに設立された協議会の全県組織「琵琶湖流域ネットワーク委員会」発足
2.24 高島郡６町村の合併協議会が新市名を「西近江市」から「高島市」に変更
2.25 高島町の打下古墳被葬者の頭蓋骨を基に全国初古代人の顔を模型で復元
2.27 **収賄と公選法違反容疑で芥川正次草津市長を逮捕（3.21、草津市長選で伊庭嘉兵衛が初当選（4.23、前市長に実刑判決）**
3. 9 守山市の赤野井浜遺跡から国内最古級の準構造船のへさき出土と発表
3.13 近江鉄道の新駅「河辺の森駅」が八日市市に開業
3.16 大津市の比叡山・坂本など５地区が国の歴史的風土特別保存地区に ▷県と大津市、草津市が申請した「琵琶湖南部エリア大学発新産業創出特区」が、国の構造改革特区に認定
3.30 浅井町に健康福祉施設「健康パークあざい」が完成
3.31 **比良山スキー場などを運営する比良索道が赤字を理由に廃業** ▷明日都浜大津から「オーパ」撤退
4. 6 秦荘町長選で広田進が無投票初当選
4. 9 今津町の「琵琶湖周航の歌資料館」の入館者が10万人を突破
4.11 日野町の滋賀農業公園「ブルーメの丘」の入場者が400万人を突破
4.12 新幹線新駅の設置促進協議会からの退会を目片信大津市長が正式表明 ▷滋賀大と放送大学が単位互換協定
4.15 信楽町の黄瀬ハンシ遺跡から鎌倉後期の古窯跡４基など出土と発表
4.19 **彦根市と草津市で初めてコイヘルペス病にかかったコイを発見**
4.23 竜王町で「義経サミット」開幕
4.24 米原町の入江内湖遺跡から県内最古の縄文前期の漆器が出土したと発表
5. 8 今津町の太陽寺で本尊を含む仏像25体の盗難が判明
5.14 豊郷小の新校舎完成式 ▷栗東市の善勝寺で木造千手観音立像など４体の盗難が判明
5.16 平安女学院が守山キャンパスを高槻キャンパスに統合することが判明（10.26、学生が就学権訴訟。のちに大学側勝訴）
5.20 八日市、永源寺、五個荘、愛東、湖東の１市４町による「東近江市」合併調印式（11.22、能登川、蒲生両町の合併参加協議開始を決定）
5.31 カネボウ長浜工場の運営撤退が決定
6. 8 奥野弘三日野町長が蒲生町との合併をめぐりリコール辞職（7.11、町長選で合併反対の藤沢直広が初当選）
6.13 竜王町長選で山口喜代治が初当選
6.17 野洲町の夕日ヶ丘北遺跡から国内最古級の道路跡が出土したと発表
6.20 木之本町長選で岩根博之が初当選

6.21　台風6号の強風で近江八幡市のホテルの屋根が約30m 飛ばされ、新幹線の電線4本を切断。惨事には至らず

7. 6　湖東記念病院で人工呼吸器を外して患者を殺害したと看護助手を逮捕（懲役12年確定後、再審要求。2019.3.18、最高裁での再審開始が確定）

7.11　参院選で民主党の林久美子が初当選し、議員数が民主5、自民4と逆転

7.19　JR 湖西線開業と今津港開港の30周年を祝うイベント開催

7.20　彦根信用金庫と近江八幡信用金庫が合併、「滋賀中央信用金庫」営業開始

8. 5　野洲川改修事業の完了記念式典

8. 7　八日市市で「世界妖怪会議」開催

8. 8　志賀町長選で大津市との合併を掲げた後藤又久が初当選

8.21　新旭、今津、安曇川の3町で「地雷をなくそう！世界こどもサミット」(～8.23)。日本含む11ヶ国参加

8.25　県造林公社とびわ湖造林公社の累積責務が3月末で1000億円超と判明

9. 2　山東、伊吹、米原3町が合併調印

9. 5　五個荘町の小串勲前町長らを業務上横領容疑で逮捕（10.18、下水道工事のにからみ中嶋敏前県議ら7人逮捕）

9. 8　長浜市の大戌亥（おおいぬい）・鴨田遺跡から国内最古級の刻書土器が出土したと発表

9.21　栗東市の霊仙寺遺跡から最古級の銀の貨幣「無文銀銭」が出土したと発表

10. 1　合併新3市が誕生し、それぞれ開庁式。「甲賀市」（水口、土山、甲賀、甲南、信楽）、「湖南市」（石部、甲西）、「野洲市」（野洲、中主）

10.24　能登川町長選で宇賀武が初当選　▷野洲市長選で前野洲町長の山崎甚右衛門が無投票当選

10.27　豊郷小新校舎建設費訴訟で大阪高裁が一審判決を支持、差し止め命令（11.17、住民団体が支払い済みの建築費返還を求める住民監査請求）

10.31　甲賀市長選で中嶋武嗣が初当選

11. 3　新旭、安曇川両町が町制50周年式典

11. 6　マキノ町が町制50周年式典

11. 7　湖南市長選で前甲西町長の谷畑英吾が当選

11.15　林野庁が余呉町のブナ、ミズナラの国有林を植物群落保護林に指定へ

11.19　国の文化審議会は、聖武天皇が造営した紫香楽宮の遺構と判明した宮町遺跡を「紫香楽宮史跡」に追加指定　▷米原町の鎌刃城跡が国史跡に指定

11.22　故井伊直愛元彦根市長夫人で歌人の井伊文子が87歳で死去

11.30　森林づくりの財源確保のため県民税に800円上乗せへ（2006年度実施）

12. 9　守山市の下之郷遺跡の中心部から建物や溝を計画的に配置した弥生中期の小区画が出土したと発表。国内初。

12.12　湖北町長選で山崎吉照が初当選

12.21　県立高校普通科の通学区域を2006年度から全県一区化する条例改正案を県議会が可決

どんな年？

漢字	**災**　大河ドラマ　**新選組！**
本	**J・K・ローリング、松岡佑子訳『ハリー・ポッターと不死鳥の騎士団』（静山社）**
映画	**ラストサムライ**
流行語	**チョー気持ちいい、自己責任**
内閣	**小泉純一郎**[2]

1. 9　自衛隊にイラク派遣命令

3.11　スペインで列車爆破テロ

5.27　イラクで邦人2人が襲撃され死亡

7.11　参院選で民主が躍進、自民は低迷

8.13　アテネ五輪（～8.29）マラソン野口みずき「金」など日本メダル37

10.13　ダイエーが自主再建断念

10.23　新潟中越地震。死者68人

11. 1　新紙幣1000円札に野口英世、5000円札に樋口一葉　▷運転中の携帯電話使用に罰則与える改正道交法

11. 2　プロ野球新球団「東北楽天」承認

平成17年 2005

○ NHK 大津放送局記者を連続放火容疑で逮捕
●衆院選で自民１議席増、民主幹事長敗れる波乱（写真）
○彦根市の名神高速で多重衝突、日系ブラジル人７人死亡

▼國松善次３

1.１ **「高島市」誕生。マキノ、今津、新旭、安曇川、高島、朽木の６町村が合併**（2.13、市長選で海東英和が当選）

1.10 甲良町が町制50周年記念式典

1.21 野洲市「ずいき祭り」を国の重要無形民俗文化財に指定するよう答申

1.25 蒲生町長選で山中壽勇が無投票再選

1.31 守山市「びわ湖わんわん王国」閉園

2.７ 豊郷小校舎改築問題で住民団体が大野和三郎町長と施工業者らに工事代金返還など請求するよう求めて提訴

2.11 **「東近江市」誕生。八日市、永源寺、五個荘、愛東、湖東の１市４町合併**（2.27、市長選で前八日市市長の中村功一が当選）

2.14 **「米原市」誕生。山東、伊吹、米原の３町が合併**（2.27、市長選で平尾道雄が無投票当選。**10.1、米原市と近江町が合併**）

3.10 紫香楽宮跡で甲賀寺創建時の回廊跡とみられる遺構が出土と発表

3.11 観光船ミシガン23年ぶりリニューアル

3.18 琵琶湖博物館の入館者500万人を突破

3.19 名神高速道路の草津田上 IC 完成

3.31 志賀町の県営林でスギとヒノキ計336本の無断伐採、盗難が判明

4.１ 民間企業出身の県立学校長２人が誕生　▷大津市に琵琶湖研究所と衛生環境センターの環境部門を再編統合した滋賀県琵琶湖環境科学研究センター開所　▷ NHK 大津放送局が地上デジタル放送を開始

4.18 国際花火シンポジウムと世界花火大会滋賀が開幕（～ 4.22）

4.20 大津沖で花火見物のボート、魞（えり）に衝突し１人死亡

4.22 滋賀経済同友会などが「滋賀 CSR 経営大賞」を創設（2006.2.21、第１回大賞に株式会社たねや。第10回の2015年で終了）

4.24 彦根市長選で獅山向洋が返り咲き

4.27 長浜城主時の山内一豊の書状が初めて見つかったと長浜市教委が発表

5.13 滋賀経済同友会の代表幹事に滋賀銀行の高田紘一頭取に代わって日本ソフト開発の藤田義嗣社長が就任

5.15 **近江牛の飼育履歴を偽装したとして東近江市の家畜商を逮捕　▷大津市で連続８件の不審火があり、民家１軒が全焼（11.5、NHK 大津放送局記者を逮捕）**

5.20 多賀町の敏満寺石仏谷遺跡が史跡に指定

5.25 竹生島のカワウ営巣地にせっけん液をかけて孵化を抑制する試みを開始

6.１ オオクチバスの運搬などを規制する外来種被害防止法が施行

6.８ 近江鉄道が伊吹山スキー場の経営から撤退すると発表

6.17 近江八幡市に残るホフマン窯など「旧中川煉瓦（れんが）製造所」の建造物を国の有形文化財に登録するよう答申

6.22 長浜城遺跡から出土した瓦が金箔を施したしゃちほこ瓦だと判明

6.23 米原市の入江内湖遺跡から縄文時代のマグロの骨やシカの角製釣り針などが出土したと発表

7.１ **国交省近畿地方整備局が大戸（だいど）川ダム（大津市）の建設の事実上中止と、丹生（にう）ダム（余呉町）の規模縮小の方針**

7.４ ヴォーリズ設計の豊郷小旧校舎解体問題で住民が大野和三郎町長に修復費支払いを求めた訴訟で大津地裁が「指示は違法」（12.21、大阪高裁での控訴審でも大野町長が敗訴）

7.12 栗東市の下鈎（しもまがり）遺跡から邪馬台国以前

に強大なクニがあったことを示す前漢鏡の破片が出土と発表

7.28 高校野球県大会決勝の彦根勢対決で、近江が彦根東を破って２年ぶり８度目の甲子園出場へ

7.29 県が京都市から引き続き「疏水感謝金」として毎年２億2000万円の支払いを受ける覚書

8. 1 湖西道路全線が無料に。日本道路公団民営化にともない一般国道化

8.16 伊崎の棹(さお)飛びで知られる伊崎寺の棹から無断で飛び降りた男性が溺死（2008年８月の棹飛びは中止に）

8.18 安土城の内堀の遺構とみられる石垣が見つかったと発表

9. 7 長浜市に「海洋堂フィギュアミュージアム黒壁」オープン

9.11 **衆院選で滋賀選出の衆院議員が比例含め過去最多の８人に。郵政民営化に反対した前職は落選、川端達夫民主党幹事長が選挙区で敗北**

9.12 高島市沖の琵琶湖でピラニア初捕獲

9.16 大津市の浮御堂で樹齢600年のマツが枯れていることが判明

10. 6 志賀町沖で行方不明になった潜水ロボット「淡探」を２日ぶりに回収

10.26 **余呉町が原子力発電の高レベル放射性廃棄物の最終処分場の誘致を検討していることが判明（10.27、断念）**

10.30 甲良町長選で山﨑義勝が初当選

11. 1 守山女子高の立命館への移管認可。立命館守山高の来春開校が正式決定

11. 4 大正ロマンをイメージした彦根市の商店街「四番町スクエア」まち開き

11.12 彦根商店街連盟が彦根城下町検定の試験実施（2009年の第５回で終了）

11.13 **彦根市の名神高速道路で７台の多重事故があり、日系ブラジル人の男性７人が死亡**

11.16 宗派を超えて仏教者が集う「全日本仏教会議滋賀大会」が大津市で

11.18 **「近江八幡の水郷」を全国初の「重要文化的景観」に選定するよう答申** ▷高島市が景観法に基づく「景観行政団体」に

11.23 安土町長らがローマ法王と対面し、バチカンに献上された幻の屏風絵「安土城之図」の探索を依頼

11.29 東近江市の湖東記念病院で人工呼吸器を外し患者を殺害したとして殺人罪に問われた元看護助手に大津地裁が懲役12年の判決

12. 1 大津市の人口が30万人を突破。中核市への要件が整う

12. 3 近江八幡市で「子どもの権利条約フォーラム」開催

12. 6 東近江市の百済寺遺跡から弥生後期～古墳前期の集落跡を確認と発表

12. 8 **東近江市の永源寺第２ダムをめぐる訴訟で、大阪高裁が「計画決定に誤りがある」として一審判決を覆し、農林水産省の建設計画を取り消し**

どんな年？

漢字	**愛**　大河ドラマ **義経**
本	**樋口裕一『頭がいい人、悪い人の話し方』（PHP 新書）**
映画	**ハウルの動く城**
流行語	**小泉劇場、想定内（外）、クールビズ**
内閣	**小泉純一郎[2]　～9.21** **小泉純一郎[3]　9.21～**

2.16 地球温暖化防止のための「京都議定書」発効

2.17 中部国際空港が開港

3.25 愛知万博「愛・地球博」開幕（～9.25）

4. 1 ペイオフ解禁　▷個人情報保護法施行

4. 9 中国で反日デモ拡大、日本大使館などに投石

4.25 JR 福知山線で脱線事故、107人死亡

8. 8 郵政民営化法案、参院で否決。小泉首相が衆院解散

9.11 衆院選、自民が絶対安定多数（9.21、第３次小泉内閣成立）

10.14 郵政民営化関連６法が成立。郵便、郵貯、簡保を子会社化

平成18年2006

●**県知事に初の女性、嘉田由紀子当選（写真）**
○**幼稚園児２人を送迎の母親が殺害**
○**新幹線の栗東新駅めぐる混迷深まる**

▼國松善次 3

1. 1 **東近江市と能登川町、蒲生町が合併**
1. 8 大河ドラマ「功名が辻」放映にちなみ長浜市で「北近江一豊・千代博覧会」開幕（～ 11.30）
1. 9 **野洲高が全国高校サッカーで初優勝**
1.26 西の湖と八幡堀など「近江八幡の水郷」が国の重要文化的景観の第１号に　▷高島市沖の琵琶湖で金色のビワコオオナマズを捕獲
2. 1 **栗東市の新幹線新駅建設の是非を問う住民投票条例案が県議会で否決**
2. 4 大家ベースボールクラブが高島市を拠点とする社会人野球チームの名称「OBC 高島」を発表
2.11 トリノ冬季五輪開幕。県内から３選手が出場し、伊藤みき（近江兄弟社高）はモーグルで決勝進出、一戸剛（アインズ）はジャンプ団体６位、恩田祐一（同）は距離スプリントで準々決勝進出
2.13 **新「長浜市」誕生。長浜市、浅井町、びわ町が合併**（3.5、市長選で旧長浜市長の川島信也が当選）　▷**「愛荘町」誕生。秦荘町と愛知川町が合併**（3.5、町長選で旧米原町長の村西俊雄が当選）
2.17 **長浜市で幼稚園児２人が刺殺。同級生の母親を殺人の疑いで逮捕**
2.19 高島市の自衛隊饗庭野演習場で対テロを想定した日米共同訓練
3. 1 守山市立守山女子高で最後の卒業式（3.24、立命館守山高への移管式、47年の歴史に幕）
3.20 **新「大津市」誕生。大津市と志賀町が合併**　▷守山市沖で２人が死傷したプレジャーボートの魞（えり）衝突事故で、大津地裁は禁固２年の判決
3.27 日野町事件で無期懲役刑が確定した阪原弘受刑者の再審請求審で、大津地裁は請求を棄却
3.31 豊郷小旧校舎解体をめぐり大津検察審査会が町長の不起訴不当とした事件で、大津地検が再び不起訴処分に
4. 1 県立草津文化芸術会館が「しが県民芸術創造館」として再スタート。大津市出身の劇作家・北村想が館長に
4.12 栗東市の産業廃棄物処分場のドラム缶から基準値を超すダイオキシンや鉛を検出したと発表（6.8、管理会社RD エンジニアリングが自己破産。負債総額40億8000万円。8.22、県が行政代執行で撤去する方針）
4.30 前町長の辞任にともなう湖北町長選で南部厚志が初当選
5. 4 高島市の箱館山スキー場で国内最大規模のマウンテンバイク全国大会
5.10 野洲市の人口が５万人を突破
5.23 放火などの罪に問われたNHK 大津放送局元記者の初公判
5.27 栗東市で2012年度開業予定の新幹線新駅「南びわ湖駅（仮称）」起工式　▷滋賀県と三重県を結ぶ国道421号の一部をトンネルなどで整備する「石榑（いしぐれ）峠道路」起工式
5.30 西浅井町長選で熊谷定義が無投票再選
5.31 野洲市が市全域をカバーするデジタル防災無線システムを県内初完成
6. 8 **豊郷小旧校舎解体をめぐる大野和三郎町長に対する損害賠償訴訟で最高裁が同町長の上告を棄却**
6.16 高島市の国道161号沿いに道の駅「藤樹の里あどがわ」完成
6.17 竹生島のカワウ糞害対策で樹木に巨大な網をかけ営巣を阻止へ
6.21 大津市の近江舞子ホテルが閉鎖、売

却されることが判明

7. 1 外来魚の再放流禁止を県全域に広げ、琵琶湖のプレジャーボートの航行規制水域を拡大する改正琵琶湖レジャー利用適正化条例が施行

7. 2 **知事選で嘉田由紀子が初当選。新幹線新駅建設などを「もったいない」と訴え支持を広げた。女性知事は滋賀県初、全国で5人目**

7.16 米原市の地蔵川で初の梅花藻まつり

7.20 守山市「近江妙蓮」足利義満献上600年記念で保存会が金閣寺にお供え

7.26 大津港内にアオコ、7月の発生は初

7.28 近江八幡市の円山町、白王町の両集落が重要文化的景観「近江八幡の水郷」に追加選定

7.29 八幡商が6年ぶり6度目の夏の甲子園へ

7.30 守山市の旧中山道で「夏のもりやまいち」が約30年ぶりに復活

8.22 県の絶滅危惧種ベニイトトンボが甲賀市で11年ぶりに確認、標本公開

8.27 大津市の皇子山総合運動公園野球場の改修完了。プロ野球規格に

9.18 天台宗開宗1200年を記念して金剛輪寺(愛荘町)、西明寺(甲良町)、百済寺(東近江市)の湖東三山が秘仏の本尊を同時公開(～10.27)

9.25 新幹線新駅建設問題で栗東市のJR事業に充てる起債の差し止めを大津地裁が命令

9.28 三洋電機が洗濯機の主力工場である滋賀工場(大津市)での開発、生産を停止すると発表

10. 1 近江八幡市立総合医療センター(新市民病院)がオープン

10.17 JR長浜駅の北約2㎞の住宅地にツキノワグマが出没、警官ら2人が重軽傷

10.21 JR北陸線、湖西線の電化方式が直流化、「琵琶湖環状線」実現 ▷琵琶湖博物館の開館10周年記念式典

10.22 栗東市長選で新幹線新駅の推進を訴えた国松正一が再選

10.26 県は新幹線新駅の税収効果が予測から半減することを明らかに ▷甲賀市と栗東市を結ぶ第二名神高速道路の近江大鳥橋が完成

11.22 彦根市にフジテックの世界最大級170mのエレベーター研究塔が完成

11.26 近江八幡市長選で冨士谷英正が初当選

12. 6 放射性廃棄物最終処分場選定の「文献調査」応募を再検討していた畑野佐久郎余呉町長が再度断念を表明 ▷嘉田知事が選挙公約で「凍結」としていた多賀町の芹谷ダム建設容認を表明 ▷目片信大津市長が市庁舎の移転新築延期を表明

12.17 高月町長選で北村又郎が3選

12.20 彦根市に社寺建築様式のキリスト教礼拝堂「スミス記念堂」再建

どんな年？

漢字	**命** 大河ドラマ **功名が辻**
本	**藤原正彦『国家の品格』(新潮新書)**
映画	**ハリー・ポッターと炎のゴブレット**
流行語	**イナバウアー、品格、格差社会**
内閣	**小泉純一郎3 ～9.26** **安倍晋三1 9.26～**

1.23 ライブドア堀江貴文社長、粉飾決算で逮捕

2.10 トリノ冬季五輪開幕(～2.26)。荒川静香がフィギュアで金メダル

3.20 第1回ワールドベースボールクラシックで、日本がキューバを破り優勝

6.20 北海道夕張市、財政再建団体申請

8.11 京都大学の山中伸弥教授ら、マウスの皮膚細胞からiPS細胞を作製

8.15 小泉首相が靖国神社に参拝

9. 6 秋篠宮妃紀子、男子(悠仁)出産

9.15 オウム事件被告・松本智津夫、最高裁で死刑確定

9.26 安倍内閣(第1次)発足

11. 5 イラク高等法廷、フセイン元大統領に死刑判決(12.30執行)

平成19年2007

●新幹線の栗東新駅の建設中止確定（写真）
○参院選で民主圧勝
○２造林公社が特定調停申し立て

▼嘉田由紀子①

1.21 余呉町長選で二矢秀雄が初当選
1.23 大津市の連続放火事件で元NHK大津放送局記者に懲役７年の判決
1.28 守山市長選で山田亘宏が再選
1.30 多賀町の大岡高塚古墳から6、7世紀頃の横穴式石室が出土と発表
2. 9 織田信長がローマ法王に贈った安土城の屏風絵が、1592年まで７年間、バチカンに収蔵されていたことが判明
2.12 ダイエー近江八幡店が閉店。県内からダイエーが姿を消し、６月、平和堂のアル・プラザ近江八幡が開店
2.14 新幹線新駅問題で嘉田知事と国松栗東市長がJR東海に工事費削減の検討を要請。同社は拒否、地元の結論を10月末まで延期することには同意
2.15 嘉田知事がマニフェストで「凍結・見直し」としていた県内ダム計画を容認すると表明
3.10 琵琶湖北湖の水の「全循環」が不完全となり、深水層の酸素濃度が極端に低下していることを確認
3.12 新幹線新駅工事費を盛り込まない県予算案可決。計画は事実上、凍結
3.16 守山市のNPOびわこ豊穣の郷が日本水環境学会の水環境文化賞を受賞
3.21 国宝・彦根城築城400年祭が開幕（～11.25）
4. 1 県内唯一の食肉解体場、滋賀食肉センターが近江八幡市長光寺町に完成
4. 7 ヴォーリズ建築第１号の旧YMCA会館（近江八幡市）が建築100年を機に「アンドリュース記念館」に
4. 8 県議選で嘉田知事を支援する団体が４議席。最大会派の自民党は推薦を含めても19議席で過半数割れ
4.13 豊郷小新校舎建設予算の支出差し止め決定。最高裁が町側の上告を棄却
4.20 立命館守山高の移転と同中学開校にともなう立命館守山キャンパスの完成祝賀式典
4.22 豊郷町長選で伊藤定勉が初当選
5.11 県議会の議長選で民主党系議長が１票差で誕生。自民党系会派以外から初の選出
5.19 近江八幡市のNPO法人などが「ヴォーリズ建築文化全国ネットワーク」結成。長野県軽井沢町で設立総会　▷彦根城博物館の入館者が開館20年目で200万人に
5.31 2100年前のメロン果肉と果皮が守山市の弥生中期の環濠集落跡・下之郷遺跡で出土と発表
6. 3 野洲市の家棟（やなむね）川で、地元農家や漁師による遊覧船運航スタート
6. 4 甲賀市の公園で回転遊具に男児が指を挟まれ重傷。各地で撤去相次ぐ
6. 5 相続税15億円の脱税容疑でアユ業者遺族３人を逮捕。過去４番目の巨額
6. 6 巨額の累積債務を抱える県の２造林公社問題で嘉田知事が将来の県民負担の可能性に言及
6.26 甲賀市甲南町で保存されていたスギの古木３本が飛鳥時代のものと判明
7. 5 不法滞在の湖南市のペルー人一家に対し、法務省が長女を除く３人に国外退去処分。残留特別許可を求めた１万人以上の署名の願いは届かず
7.28 近江高が2年ぶり9度目の夏の甲子園へ
7.29 参院選滋賀選挙区で民主党新人の徳永久志が初当選
8. 1 近江八幡市の伊崎寺の伝統行事「伊崎の棹（さお）飛び」が行者に限って再開
8.10 県が琵琶湖岸の高層建築物の高さを原則13m以下に規制する方針　▷湖南市の夏見城遺跡から国内最古

の真鍮製毛抜きが出土と発表

9. 9 安土町長選で合併検討の必要性を訴えた津村孝司が再選

9.15 日本スポーツマスターズびわこ大会2007が開幕（～ 9.20）。県内12市29会場に過去最多の7300人が参加

9.21 彦根市のスミス記念堂が有形文化財に登録されることに

9.25 虎姫町長選で山内健次が無投票再選

9.30 県内現存最古で草津市唯一の映画館シネマハウス閉館、60年の歴史に幕

10. 1 琵琶湖の市町境界の確定にともない関係市町の面積と地方交付税が増加

10. 5 西浅井町の塩津港遺跡から国内最古や最大を含む起請文入りの木簡が大量に出土したと発表

10.11 **東近江市の永源寺第２ダム訴訟で、最高裁が国の上告を受理せず、事業は白紙に**

10.14 多賀大社「平成の大修理」完了

10.16 **長浜２園児殺害事件で、大津地裁は同級生の母親が当時心神耗弱状態にあったとして減刑し、無期懲役の判決。被告、検察ともに控訴**

10.19 新幹線新駅問題をめぐる栗東市の起債差し止め訴訟で、最高裁が市の上告を棄却、住民勝訴の二審判決が確定

10.24 **新幹線新駅問題で新駅設置促進協議会正副会長会議の協議が決裂。10月末の期限切れ中止が確定**

11. 6 琵琶湖文化館友の会が嘉田知事に琵琶湖文化館の存続について要望書を提出（11.8、滋賀県文化財保護連盟が知事に文化財予算の減額見直しと琵琶湖文化館の存続について要望書を提出。12.4、友の会が知事に2684名の書名を提出）

11. 8 **県の２造林公社が債権者の農林漁業金融公庫などに債権放棄を求める特定調停を申し立てることを決定**

11.11 大津市で全国豊かな海づくり大会。天皇皇后も出席

11.17 守山市の佐川急便SCが日本フットボールリーグ（JFL）で初優勝 ▷三上山のふもと野洲市で第１回全国ふるさと富士サミット開催

11.19 国宝・彦根城築城400年祭のキャラクター「ひこにゃん」をめぐり、原作者が市などを相手に調停を申し立てていると判明（12.14、合意成立）

11.27 大阪市の動物愛護団体が高島市今津町の犬舎施設に犬22匹を初搬入

12. 2 野洲市の兵主大社に伝わる「八ヶ崎神事」の船渡御が約50年ぶりに復活

12. 3 草津市を拠点にする関西サッカーリーグ一部のFCMi-Oびわこが日本フットボールリーグ（JFL）へ昇格

12. 6 県教育長が県議会で琵琶湖文化館は今年度かぎりをもって公開中止（休館）と表明

12.16 豊郷小新校舎の建設費返還を求める住民訴訟で、大津地裁の和解案を原告、町、業者らが受け入れる方針。一連の住民訴訟がすべて終結

どんな年？

漢字	**偽**　大河ドラマ **風林火山**
本	**坂東眞理子『女性の品格』（PHP新書）**
映画	**パイレーツ・オブ・カリビアン／ワールド・エンド**
流行語	**（宮崎を）どげんかせんといかん**
内閣	**安倍晋三[1]　～ 9.26** **福田康夫　9.26 ～**

2.16 社会保険庁で年金記録漏れ発覚。5000万件不明

4.17 長崎市長が選挙中に撃たれ翌日死亡

5.14 憲法改正手続きを定めた国民投票法が成立

7.29 参院選で民主第１党。自民惨敗、与党は過半数割れ

8.10 米のサブプライム住宅ローン危機世界同時株安

9.12 安倍首相が辞任表明（9.26、福田内閣発足）

10. 1 郵政事業を民営化した「日本郵政株式会社」発足

平成20年 2008

●大戸川ダム、4知事が反対表明（写真）
○紫香楽宮跡から万葉の歌木簡出土
○新名神一部開通、中部と直結

▼嘉田由紀子[1]

1.20 大津市長選で目片信が再選
1.24 国宝・彦根城400年祭実行委員会が関西元気文化圏賞特別賞を受賞
2. 8 安土城跡の調査・整備事業の2008年度打ち切りが判明。史跡指定面積の８割は未調査
2.23 新名神高速道路の草津田上（たなかみ）IC—亀山JCT（三重県）間が開通
2.24 草津市長選で橋川渉が初当選
2.29 守山市の下新川神社の銅鐘が日本様式と朝鮮様式をともに取り入れた「和韓混交鐘」であることが判明
3. 7 中江藤樹生誕400年祭が出身地の高島市で開幕（～9.30）
3. 9 多賀町長選で久保久良が初当選
3.13 日野町出身の植物学者橋本忠太郎が明治時代に作った植物標本約600点が同町内で見つかったと地元団体が発表
3.15 近江鉄道多賀線「スクリーン駅」開業
3.18 近江八幡市が文化庁新設の長官表彰「文化芸術創造都市部門」に選出
3.27 北大津高が選抜高校野球で県勢初の３年連続３度目の甲子園で２勝。2003年の近江高以来
3.29 湖南市の国道１号バイパス（栗東水口道路）岩根—菩提寺間が開通
3.30 甲賀市甲南町観光協会が「第１回忍者検定」開催
4. 1 県立琵琶湖文化館が休館
4.11 2007年度の彦根城入場者数が84万9056人（前年度比61％増）に。1954年度以降２番目の多さ
4.20 草津市内を東西に貫く旧草津川と草津川をまたぐ道路２路線が相次ぎ開通（～4.21）。南北の往来がスムーズに
4.22 国交省が大戸川ダムなど４ダム計画の見直し拒否。嘉田知事は批判
4.25 県議会議長に自民党系会派の上野幸夫。非自民系は１年でポストを明け渡し
5. 5 大津市坂本で地蔵など40体が盗難。その後、容疑者逮捕、地蔵は無事
5. 7 信楽町元助役が町有林売却をめぐる収賄容疑で逮捕
5. 9 長浜城歴史博物館の入館者が1983年５月の開館以来400万人に
5.22 甲賀市の紫香楽宮跡（宮町遺跡）から出土した木簡に万葉集の「安積山（あさかやま）の歌」が書かれていると発表。万葉歌の木簡確認は全国初
5.27 せっけん運動など琵琶湖の環境保全に取り組んできた「びわ湖会議」が解散を決め、30年の歴史に幕
5.30 草津市が元市収入役の山岡晶子を副市長とする人事案に同意。女性副市長は県内の市で初
6. 2 彦根市が辻番所付き足軽屋敷を文化財保護基金で購入へ
6. 4 彦根市で「井伊直弼と開国150年祭」開幕（～2010.3.24）
6.14 信楽高原鐵道事故をめぐり、JR西日本が県などに被害者への補償費用負担を求めて提訴
6.15 竜王町長選で竹山秀雄が初当選
6.17 木之本町長選で岩根博之が無投票再選
6.20 国交省が大戸川ダム（大津市）建設などを盛り込む河川整備計画を公表
6.29 日野町長選で藤澤直広が再選
7. 2 財団法人近江兄弟社（近江八幡市）が関西学院大（兵庫県西宮市）とヴォーリズ研究について連携協力協定
7. 9 国交省大戸川ダム工事事務所の主任が大麻取締法違反で現行犯逮捕 ▷ 大津市の中心市街地活性化基本計画を国が認定
7.10 栗東市が新幹線新駅予定地周辺で進めていた土地区画整理事業廃止決定

7.18 大雨で長浜市の米(よね)川が氾濫し、住宅や店舗など11棟が床上浸水、203棟が床下浸水

7.24 近江高が2年連続10回目の夏の甲子園出場へ

8. 8 フナなど琵琶湖在来種が育つビオトープが草津市新浜町の湖岸に完成

8.14 琵琶湖南湖の水草の繁殖面積が、過去10年間で1.8倍に拡大、南湖中央部まで広がっていることが判明

8.23 滋賀、京都、大阪の3府県知事が琵琶湖上で会談、淀川水系河川整備計画案を連名で共同提出することで一致

8.28 丹生ダム(余呉町)の地元6市町長が嘉田知事に地元との対話優先を要請 ▷全日本中学陸上の女子100mと200mで優勝した木村茜選手(中主中)優勝報告会

9. 4 2造林公社問題で県が利息を含む総額690億円の債務を肩代わりし、分割返済することを決定 ▷湖南市で第1回外国人市民会議

9. 5 中心市街地活性化をめざすまちづくり会社「みらいもりやま21」創立総会

9.29 元農相で自民党の岩永峯一衆院議員(滋賀4区)が引退を表明

10. 4 県が芹谷ダム(多賀町)建設中止を地元対策委員会に伝え、地元は反発

10. 5 湖南市長選で谷畑英吾が無投票再選

10.11 男子プロバスケットボールbjリーグに参戦した滋賀レイクスターズが県立体育館で初試合

10.12 野洲市長選で山仲善彰が初当選

10.18 野洲市の希望が丘文化公園を主会場に生涯スポーツの祭典・第21回全国スポーツ・レクリエーション祭が開幕(～10.21)

10.21 県発注工事をめぐる贈収賄で県副主幹と東近江市のゼネコン元常務を逮捕

10.24 和洋菓子メーカー「たねや」が滋賀厚生年金休暇センター(近江八幡市)の土地と建物を23億円で落札したと発表

10.26 甲賀市長選で中嶋武嗣が再選

10.30 西の湖(近江八幡市・安土町)と下流の長命寺川(同市)がラムサール条約湿地に追加登録

11.11 嘉田知事が、京都・大阪両府知事らとともに、大戸川ダムについて事実上の「建設中止」を求める共同会見

11.18 甲賀市の紫香楽宮跡(宮町遺跡)から「門籍制」を示す木簡が出土したと発表

11.21 京滋で店舗面積最大の商業施設「イオンモール草津」が地元向けに仮オープン。「フォレオ大津」も開店

11.25 近江八幡市の冨士谷英正市長と安土町の津村孝司町長が両市町の合併をめざす方針を表明

11.30 立命館大学びわ湖・くさつキャンパスを会場に第1回びわ湖検定試験実施(2013年度の第6回で終了)

12.10 滋賀県最古級の庭園遺跡「池の沢遺跡」(高島市朽木村井)が鎌倉時代初期の姿を残す庭園であることが判明

どんな年？

漢字	**変** 大河ドラマ **篤姫**
本	**J･K･ローリング『ハリー・ポッターと死の秘宝』(静山社)**
映画	**崖の上のポニョ**
流行語	**アラフォー、グ～!、居酒屋タクシー**
内閣	**福田康夫 ～9.24** **麻生太郎 9.24～**

2. 2 トヨタ、米GMを抜き自動車生産台数世界一に

4. 1 後期高齢者医療制度スタート

5.12 中国四川省でM8.0の大地震、6万9197人死亡

7. 7 北海道洞爺湖サミット(～7.9)

7.11 アップル社の「iPhone」日本で発売

9. 1 福田首相、支持率低迷などで退陣表明。9.24、麻生内閣発足

9.15 米大手証券会社リーマンブラザーズ経営破綻、世界金融危機始まる

10. 7 ノーベル物理学賞に南部陽一郎、小林誠、益川敏英、科学賞に下村脩

11. 4 米大統領選でバラク・オバマ当選

平成21年 2009

●衆院選で自民大敗、滋賀の国政議席消滅（写真）
○大戸川ダムが凍結第１号に
○新型インフルエンザ流行、ワクチン接種開始

▼嘉田由紀子①

1.14 嘉田知事が多賀町の芹谷ダム建設中止を発表。治水対策と予定地住民の生活再建に取り組む意向
1.16 大津市の大戸川ダム建設中止を国に求める知事の意見案が県議会で可決
1.19 彦根市の歴史的風致維持向上計画が歴史まちづくり法の初認定
1.25 高島市長選で西川喜代治が初当選
2. 4 彦根市の肥田城遺跡から区画の溝跡など具体的遺構を初確認と発表
2. 9 新幹線新駅中止の損失補償で県が栗東市に約16億円支払うことで大筋合意
2.13 甲賀市の宗教法人が自民党第４支部に6000万円を政治献金したと判明。代表を務めた岩永峯一元農相は「個人の借入金」と主張
2.15 東近江市長選で西沢久夫が初当選
2.18 コウノトリ１羽が飛来。県内では28年ぶりの確認
2.20 長浜市園児殺害事件で被告の無期懲役確定　▷高島市の貫川内湖で北米原産の淡水魚アリゲーターガー初確認
2.22 米原市長選で泉峰一が初当選
2.23 草津市が第１回地球温暖化防止大賞の受賞者を発表
2.26 西浅井町の塩津港遺跡から平安末期の船形木製品が出土と発表
3. 8 スキーフリースタイル世界選手権猪苗代大会で日野町出身の伊藤みき選手が銀メダル。バンクーバー冬季五輪日本代表に
3.11 野洲市の銅鐸博物館所蔵の近江八景図屏風（1799年）は確認できる写生画の近江八景図で最古のものと発表
3.20 高島市のマキノ高原温泉さらさの入場者が100万人を突破
3.23 長浜市の県内最古級の町家「四居家」の修復完成
3.26 彦根東高が選抜高校野球21世紀枠で56年ぶり３度目の甲子園出場
3.29 東近江市の政所小が閉校式。134年の歴史に幕
3.31 国交省が大津市の大戸川ダム建設を事実上「凍結」すると発表
4.11 バレーボールプレミアリーグ女子の東レアローズが連覇
4.24 安土城考古博物館が展示のため借りていた吉野ヶ里遺跡（佐賀県）出土の弥生中期のガラス製管玉（重文）を誤って破損したと発表
4.26 彦根市長選で獅山向洋が再選
4.28 高島市の航空自衛隊饗庭野分屯基地に地対空誘導弾パトリオットを配備したと防衛省が発表
5. 4 余呉町で茶わんなどを飾る曳山が山間を巡行する「茶わんまつり」が６年ぶりに開催
5.10 昭和初期に愛荘町の金剛輪寺から流出した絹本著色金剛界八十一尊大曼荼羅図（重文）の復元模写図が完成し、開眼法要
5.20 県内で初の新型インフルエンザ患者を確認。休園や休校が相次ぐ
5.27 草津市の人口が12万人を突破
5.30 ヴォーリズ設計の豊郷小旧校舎で大規模改修工事の完成式典。「白亜の殿堂」の外観がよみがえった
5.31 近江八幡市と安土町が合併協定書に調印（7.16、県議会で可決。7.31、合併確定。8.23、津村孝司安土町長がリコールで失職。10.4、リコール運動代表の大林宏が町長選で初当選）
6.12 米原市の雑廃水タンクから女性会社員の遺体が発見（6.19、同僚の男を逮捕）
6.24 高島市今津町の弘部野遺跡から奈良時代の掘立柱建物跡が出土と発表

6.30　長浜市が中心市街地活性化基本計画が国の認定を受けたと発表
7. 1　国の特別史跡・彦根城の堀などでの釣りを禁止する彦根市の条例施行
7. 8　高島市今津町の箱館山スキー場に関西最大級のゆり園がオープン
7.27　彦根市のキャラクター「ひこにゃん」をめぐり市が原作者による類似キャラグッズ販売中止を市内業者に要請
7.29　滋賀学園が春夏通して初の甲子園へ
8. 6　近江八幡市の長命寺の塔頭穀屋寺で熊野観心十界曼荼羅など発見と発表
8.11　日吉大社・山王祭の神輿が22年ぶりに延暦寺へ
8.20　西浅井町の塩津港遺跡から小型神殿建築部材など出土と発表
8.21　井伊直弼ゆかりの彦根市の使節団が山口県萩市を訪れ、安政の大獄で刑死した吉田松陰の墓参
8.30　**衆院選で民主党が県内４選挙区を独占。自民党は立党以来初めて県選出国会議員がゼロに**
9. 4　県の造林公社問題検証委員会が、国や旧農林漁業金融公庫の責任を指摘する報告書を知事に提出
9. 8　びわ湖百八霊場の運営会が発足　▷大津地裁初の被害者参加制度が傷害致死事件に適用
9.19　野外音楽イベント「イナズマロックフェス」第１回が草津市の琵琶湖畔で開催（～ 9.20）　▷第１回びわ湖大津秋の音楽祭がびわ湖ホールなどで開幕
10. 1　長浜図書館の貸出冊数が600万冊に
10. 4　彦根市と愛荘、豊郷、甲良、多賀各町の「湖東定住自立圏形成協定」調印式。近畿初の協定　▷伊吹山でパラグライダー２機が墜落。１人死亡
10. 8　台風18号の影響で、彦根城の石垣が崩れ、大津市の琵琶湖岸には大量の水草が悪臭を放つ被害
10.14　高島市の琵琶湖周航の歌資料館の入館者が20万人を突破
10.23　彦根市で初の「ゆるキャラまつり　キグるミさみっと2009」（～ 10.25）
10.25　甲良町長選で北川豊昭が初当選
10.26　大津地裁で京滋初の裁判員裁判
11. 6　長浜市の大通寺で歴史的景観などを語る県内初の「美（うま）し近畿景観セミナー」　▷栗東市の新幹線新駅予定跡地に電池メーカーのジーエス・ユアサコーポレーション（京都市）が工場を建設する方針を明らかに
11.16　日本中央競馬会（JRA）栗東トレーニング・センターが開場40周年記念式典
11.22　サッカー JFL で守山市を拠点にする SAGAWA SHIGA FC が２年ぶり２度目の優勝
12. 6　立命館大びわこ・くさつキャンパスでプロ野球選手とファンの交流イベント「ベースボール・クリスマス」
12.16　県労働者福祉協議会が別団体の事業を統合する形で新組織に衣替え。広く県民を対象にした活動を展開へ

どんな年？

漢字	**新**　大河ドラマ　**天地人**
本	**村上春樹『1Q84』１・２（新潮社）**
映画	**ROOKIES ―卒業―**
流行語	**政権交代、こども店長、草食男子**
内閣	**麻生太郎　～ 9.16** **鳩山由紀夫　9.16 ～**

2.22　米アカデミー賞で日本映画２冠。「おくりびと」と「つみきのいえ」
3.10　日経平均株価終値、バブル以降の安値を更新
4.28　政府、新型インフルエンザ対策本部設置
4.30　クライスラー経営破綻、６月には GM も破産適用法を申請
5.21　裁判員制度がスタート
8.30　衆院選で民主党が大勝（9.16、鳩山内閣発足。15年ぶり非自民政権）
9. 1　消費者庁発足
11.10　行政刷新会議「事業仕分け」開始

平成22年 2010

●県知事に嘉田由紀子が再選（写真）
○「関西広域連合」発足
○びわこ競輪、2011年３月廃止確定

▼嘉田由紀子1

1. 1 **長浜市と、伊香郡高月町・木之本町・余呉町・西浅井町、東浅井郡虎姫町・湖北町が合併**
1. 8 滋賀、京都など７府県による「関西広域連合」設立準備部会で合意
1.11 ウインドサーフィンの全日本アマチュアウェイブ選手権で板庇雄馬選手（栗東高）が初優勝
1.12 農協のシステム導入などをめぐり、県管理監を収賄の容疑で逮捕
1.15 近江八幡市人権センターが未就学の外国籍児童・生徒を対象にした日本語指導教室を開所。近畿初の試み
1.26 県教委が「近江水の宝」の第２次選定分を発表。高島市の「針江・霜降のカバタ」など21件
2. 1 県警と陸上自衛隊がテロや原発事故など有事に対応する初の共同訓練を高島市の今津駐屯地で実施
2.14 長浜市長選で現職の通算４期目を阻んで元衆院議員の藤井勇治が初当選 ▷まれにしか飛来しないハイイロガンを長浜市の湖北野鳥センターが確認。県内では22年ぶり、３例目
2.21 愛荘町長選で村西俊雄が再選
3. 2 京セラが太陽電池の基幹部品セルを生産する新工場を野洲市に開設
3. 5 社会人野球チーム「滋賀・高島ベースボールクラブ」が県野球連盟に加盟
3.18 彦根市の佐和山城に幅22m の大規模な内堀があったと県教委が発表
3.21 **近江八幡市と安土町が合併し、新「近江八幡市」誕生**（3.14、安土町議選で合併反対派が過半数、3.16、合併停止を可決したが、合併は法的に確定済み。4.25、市長選で旧市長の冨士谷英正が当選。7.1、県内初設置の安土町地域自治区の初代区長に元安土町教育長を選任） ▷甲賀市土山町の旧東海道に扇屋伝承文化館が開館
4. 4 彦根市の荒神山公園で188人が参加した「かくれんぼ」ギネス記録認定
4. 9 県内で公立初の小中一貫校「高島学園」の開校式。高島小と高島中を統合
4.22 アスベスト使用の小学校に勤務し、中皮腫で死亡した教諭が公務災害に認定されたと遺族が会見
4.23 大津市の旧大津公会堂が改修オープン。12月には国の登録文化財に
4.29 長浜市の商店街に「長浜まちなかまちの駅」プレオープン
5. 4 国宝本殿のある野洲市の大笹原神社で50年に１回の大祭
5.14 近江今津駅と上中駅（福井県若狭町）間を結ぶ新線建設をめざす琵琶湖若狭快速鉄道促進連絡協議会が発足
5.19 宮崎での口蹄疫感染拡大を受け、県が防疫対策研修会を開催
5.21 「高島市針江・霜降の水辺景観」を重要文化的景観に選定するよう答申
5.24 淡水魚ハリヨが米原市醒井の地蔵川で絶滅した可能性が高いことが判明
5.29 **東近江市の相谷（あいだに）熊原遺跡から縄文草創期の国内最古級の土偶出土と発表**
6. 7 近江八幡市の滋賀食肉センターから初の近江牛輸出
6.11 高島市の安曇川でアユが大量死
6.19 スーパー「平和堂」（彦根市）創業者で名誉会長の夏原平次郎が死去
6.20 栗東市のRDエンジニアリング産廃処分場問題で地元が県の調査に同意
6.29 東近江市「西堀榮三郎記念　探検の殿堂」南極体験ゾーン休止を発表
7. 7 米原市に計画されている滋賀統合物流センター（SILK）事業で、市が運営会社に用地売却する契約を解除

7. 8 **京滋初のアウトレットモール「三井アウトレットモール滋賀竜王」が竜王町にオープン**

7.11 **知事選で嘉田由紀子が再選**。同日選となった参院選滋賀選挙区で民主党の林久美子が再選

7.14 高島市の「県立びわ湖こどもの国」存続方針を県が県議会で表明

7.21 草津市の烏丸半島で、初の熱気球搭乗体験が開始

8. 2 織田信長の居城があった近江八幡、岐阜、小牧、清洲の4市が織田信長公居城連絡協議会を設立

8. 7 近江八幡市の沖島で初の「沖島うなぎ祭り2010」開催

8. 8 長浜バイオ大と中国遼寧省の東北大、滋賀医科大が「バイオ医療学」の推進連携協定を締結

8.10 「薬の町」を発信する甲賀市の「くすり学習館」が開館

8.24 多賀町の芹谷ダム建設中止に反対する彦根市が県流域治水検討委員会行政部会を正式脱退

9.10 戸籍上は「生存」で現住所不明の100歳以上が全市町で計1907人と判明

9.17 **目片信大津市長が競輪事業を2010年度末で廃止すると市議会で表明**

9.19 東近江市の永源寺で彦根藩第4代藩主井伊直興公霊廟が10年ぶりに公開

9.21 殺人罪で懲役12年の刑が確定した湖東記念病院の元看護助手が無罪を求めて大津地裁に再審請求

9.25 伊吹山頂の彦根地方気象台・旧伊吹山特別地域気象観測所が取り壊されることが判明（10月に解体）

10. 1 大津市の途中トンネルが無料化 ▷「信楽まちなか芸術祭」が開幕

10.13 県議会が「関西広域連合」の設立に必要な規約案を可決

10.24 近江八幡市の近江兄弟社学園でヴォーリズ生誕130年記念式典

10.31 栗東市長選で野村昌弘が初当選

11.17 **国交省近畿地方整備局が大戸川ダム事業で、県が提案している河川改修案に同意する方針**

11.19 米原市の能仁寺遺跡で室町時代前半の寺院跡を確認。京極氏の菩提寺か

11.22 大戸川ダム周辺整備事業で京都、大阪府が治水負担分計9億3000万円の支払いに合意と県が発表

11.23 守山市の下之郷遺跡の保存を目的にする史跡公園オープン ▷戦国武将石田三成に関する知識を問う「石田三成検定」が彦根市で初開催

11.29 市民団体「マキノのメタセコイア並木を守り育てる会」が高島市で発足

12. 1 **「関西広域連合」発足。県は「環境保全」を担当** ▷高島市の国境高原スノーパークを運営する企業が箱館山スキー場運営の継承を発表

12. 2 **米原市の雑排水タンク殺人事件の裁判員裁判で地裁が懲役17年の判決**

どんな年？

漢字	**暑**　大河ドラマ **龍馬伝**
本	**岩崎夏海『もし高校野球の女子マネージャーがドラッカーの『マネジメント』を読んだら』（ダイヤモンド社）**
映画	**アバター**　流行語 **ゲゲゲの**
内閣	**鳩山由紀夫　～6.8** **菅直人　6.8～**

1. 1 日本年金機構が発足

4.20 宮崎で口蹄疫の牛確認、5月に東国原知事が非常事態宣言

5. 1 上海万博（～10.31）、入場者数7300万人、史上最高

6. 2 鳩山首相、普天間問題で引責辞任（6.8、菅内閣発足）

7.11 参院選で民主大敗し、過半数割れ

9. 7 尖閣諸島付近で中国漁船が海保巡視船に衝突

10. 6 ノーベル化学賞に鈴木章、根岸英一

11.23 北朝鮮が韓国側を砲撃。住民ら4人死亡

12. 4 東北新幹線、新青森まで全線開通

平成23年 2011

●県議選で自民躍進、単独過半数（写真）
○県造林公社の特定調停が成立
○東日本大震災・福島第１原発事故で避難者相次ぐ

▼嘉田由紀子 1

1.15 大河ドラマ「江～姫たちの戦国～」放映にちなみ、長浜市で「江・浅井三姉妹博覧会」開幕（～12.4）
1.17 米原市が計画中の滋賀統合物流センター（SILK）事業を「米原南工業団地」に名称変更、分譲販売すると発表
1.19 県が建設を中止した多賀町の芹谷ダムについて、県と町は予定地の振興をめざす基本方針に合意
1.20 **県造林公社とびわ湖造林公社の巨額債務問題で、県や下流団体が債権放棄で合意し、既存の公社組織を維持したまま再建へ**
1.28 高島市内の陶芸やガラス工芸など作家51人の工房を一斉公開するイベント「風と土の交藝」初開催（～1.30）
1.30 守山市長選で宮本和宏が初当選
2. 5 近江八幡市の「八幡堀の修景と保全」が土木学会デザイン賞の特別賞を近畿で初受賞
2.25 滋賀県の人口（2010年国勢調査）が141万272人と初の140万人超。増加率は全国５位。トップは増加数で大津市、増加率で草津市　▷守山市の移動動物園が全焼。約100種約300匹が焼死
3. 6 草津市がコミュニティーFM局による災害時の緊急情報を屋外スピーカーで流す全国初の取り組み
3.11 **東日本大震災で滋賀県内でも震度３を観測。県や県警、消防、医療機関などを中心に被災地支援へ**
3.12 JR西日本のダイヤ改正で南草津駅に新快速が停車
3.26 東近江市と三重県いなべ市をトンネルで結ぶ国道421号「石榑峠道路（いしぐれ）」開通　▷駐車した軽トラックの荷台に商品を並べて販売する「まちなか軽トラ市」が守山市で県内初開催
3.28 彦根市のキャラクター「ひこにゃん」の著作権侵害に当たるとして、類似品を製造販売する６業者に対し、市が損害賠償請求訴訟
3.31 草津市の県立水環境科学館が閉館
4.15 日野町蓮花寺の山中で見つかったノスリの死骸から鳥インフルエンザウイルス検出と県が発表
4.16 東近江市が東日本大震災で被災した岩手県陸前高田市へ移動図書館車「やまびこ号」を派遣
4.20 近江八幡市の門跡寺院・瑞龍寺で鷲津日英・第15世門跡の晋山式
4.24 豊郷町長選で伊藤定勉が無投票再選
5. 1 高島市マキノ町のNPO「絵本による街づくりの会」が被災地支援で市民から募った児童書の仕分け作業
5. 3 日野祭で曳山全16基が18年ぶりに勢ぞろい
5.17 高島市が「紙ごみ減量日本一」をめざし、ごみ減量推進協議会を設立
5.21 彦根市の「ひこにゃん」が福島県の震災避難所を慰問
5.27 竜王小が学校ビオトープ大賞を受賞
5.31 栗東市の下鈎（しもまがり）遺跡から３世紀の木製の琴が出土。国内５番目の大きさ
6. 2 米原市の能仁寺遺跡で京極氏にかかわる庭園跡を確認と発表
6.14 近江八幡市との合併をめぐり2009年にリコールで安土町長を失職した津村孝司が副市長に就任
7. 6 県市長会の13市長が、福井県で美浜原発と高速増殖炉もんじゅを視察。安全確保や監視体制強化申し入れ
7.11 彦根西と彦根翔陽、長浜と長浜北をそれぞれ統合する県立高再編原案を県教委が提示
7.14 東近江市の蛭子田（えびすだ）遺跡から日本最古

級の馬具・木製壺鐙（つぼあぶみ）が出土と発表
7.19 栗東市の新幹線新駅予定跡地にリチウムイオン電池を製造するリチウムエナジージャパンが本社移転
7.21 水草アサザが県内唯一自生する東近江市能登川地域の群生地が外来種の水草で1割浸食されていると判明
7.24 文化活動に携わる高島市民が「高島市文化芸術市民ネットワーク」発足
8. 2 福井県内の原発7基の再稼働禁止を求め県民らが大津地裁に仮処分申請
8. 7 5年ぶりの夏の甲子園で八幡商が20年ぶりに初戦突破　▷米原市の県文化産業交流会館に、明治時代に長浜にあった芝居小屋「長栄座」が復活、こけら落とし公演
8. 8 JR西日本が南草津—瀬田間（草津市内）に新駅を計画していると判明
8. 9 東近江市が70施設を廃止する公の施設再編計画を発表
9. 6 **高島市朽木の県営北川ダム建設計画が構想38年間と長期化し、嘉田知事が住民に陳謝　▷若狭湾の原発3事業者が、高島、長浜、彦根、米原の4市に定期協議の場設置を表明**
9.27 電気自動車の充電設備が県内の道の駅では初めて、あいとうマーガレットステーションに設置、試験充電
9.28 草津市の学校給食センター建設予定地の地下から環境基準の5倍を超えるヒ素が検出されたと判明
10. 2 東近江市で全国のうどん13種が集まる初の「全国ご当地うどんサミット」
10.12 学校法人立命館が2015年4月に大阪府茨木市に開設する新キャンパスに、びわこ・くさつキャンパスから経営学部を移転すると発表
10.17 高島市の市民団体が水辺環境のシンボルとしてヒツジグサなどを植え、クロメダカを放すビオトープ設置
10.19 母親の就労支援「滋賀マザーズジョブステーション」が近江八幡市の県立男女共同参画センター内に開設
10.22 草津市のバス会社が大津市内路線で車いす客を乗車拒否していると発覚
11. 1 **県が近江八幡市の滋賀食肉センターで県産牛肉の放射線量を調べる全頭検査開始　▷米国での世界湖沼会議で高島市の針江生水の郷委員会がカバタのある暮らしを紹介**
11.18 近江八幡市と東近江市にまたがる繖（きぬがさ）山の3寺院による「繖三観音」の発足法要が近江八幡市の観音正寺で
11.27 大名庭園の保存整備に関わる市民団体が集う「大名庭園サミット」が彦根市で開幕
12. 2 「全国ほんもの体験フォーラム」が米原市で開幕
12. 4 東日本大震災で県内に避難した人たちが野洲文化小劇場で初の交流会
12. 5 高島市内4スキー場が初の合同「たかしま冬山開き」。イベントなど協力
12.12 草津市が烏丸半島に設置した風力発電施設「くさつ夢風車」が故障により9月から発電停止と判明

どんな年？

漢字	**絆**　大河ドラマ **江～姫たちの戦国～**
本	**東川篤哉『謎解きはディナーのあとで』（小学館）**
映画	**ハリー・ポッターと死の秘宝 PART2**
流行語	**なでしこジャパン**
内閣	**菅直人　～9.2** **野田佳彦　9.2～**

1.14 チュニジアの強権的な政権崩壊。民主化要求運動「アラブの春」へ
3.11 東日本大震災、三陸沖でM9.0。翌日福島第1原発事故発生
5. 1 米、アルカイダ指導者ビンラディンを殺害
7.17 W杯女子サッカー「なでしこジャパン」優勝
10.20 リビア反体制派がカダフィ大佐を殺害
10.31 海外市場1ドル＝75円32銭で戦後最高値を更新
12.19 北朝鮮、金正日総書記死去と三男・金正恩への後継を発表

平成24年 2012

●大津中２自殺、刑事事件に発展（写真）
○衆院選で自民が４選挙区全勝
○嘉田知事が新党を結成

▼嘉田由紀子１

1.11 絶滅危惧植物タチスズシロソウの国内最大の群生地が野洲市の琵琶湖岸にあると判明　▷彦根市の新海浜で500本前後のクロマツの幹や枝が無断伐採されたと判明

1.18 **甲賀市信楽町の紫香楽宮跡で大規模な掘立柱建物跡が見つかったと発表。天皇が祭祀を行った「内裏正殿」の可能性**

1.22 **大津市長選で越直美が初当選。全国で史上最年少の女性市長**

1.30 県が県営北川ダム（高島市）の凍結を正式決定し国に報告

2.２ 北部で記録的大雪。雪害では31年ぶりとなる災害派遣を自衛隊に要請

2.12 草津市長選で橋川渉が無投票再選

2.17 高島市が原子力災害対策計画検討委員会を設置。地域防災計画原子力災害対策編の全面改定や避難計画策定の作業をスタート

2.18 アニメ「けいおん！」の舞台とされる豊郷小旧校舎で県内９高の軽音楽部などのバンド30組がライブ演奏

3.８ 甲良町で全国初の農事組合法人による協同組合「甲良集落営農連合協同組合」設立

3.11 多賀町長選で久保久良が再選

3.17 滋賀県平和祈念館が東近江市下中野町に開館

3.18 県と高島、長浜両市が若狭湾での地震と原発事故を想定した初の合同訓練

3.24 長浜戦国大河ふるさと博が開幕（～12.2）。長浜ゆかりの戦国武将ら紹介

3.25 近江八幡市が福島県南相馬市、福井県小浜市と災害時相互支援協定を締結

3.26 県が、国の示した原発から半径30km圏内の「緊急防護措置区域」（UPZ）を、最大で約43kmまで拡大する「県地域防災計画」を決定

4.３ 低気圧の影響で日本列島に強風が吹き、近江八幡市内で電柱11本が倒壊

4.４ 国指定史跡「草津宿本陣」の塀が約40m傷つけられていることが判明

4.22 嘉田知事が塾長を務める未来政治塾が開講。674人が入塾　▷彦根市で東日本大震災の復興を願い、津波被害からよみがえった「復興ピアノ」を103人が連弾してギネス記録に

5.10 香川県知事が同県豊島（てしま）の汚染土壌を大津市で水洗浄処理することを断念したと表明

5.12 彦根城の堀を巡る屋形船の乗船客が2007年３月の運航開始以来５万人に

5.22 近江八幡市の観音正寺で1993年に焼失した本尊の複製「御前立」が見つかり公開

5.29 故障で運転停止していた草津市の風力発電施設「くさつ夢風車」の修理が完了、再稼働

6.２ 長浜市内で30日にかけ連続４件の仏像盗難事件が発生

6.８「脱法ハーブ」を販売した草津市内のハーブ販売店経営者を逮捕。業務上過失傷害容疑での販売者逮捕は全国初

6.17 竜王町長選で竹山秀雄が再選

6.20 **信楽高原鐵道が土地や鉄道施設を甲賀市に譲渡して運営だけを担う上下分離方式の導入を発表**

6.23 琵琶湖博物館の入館者が800万人に

6.26 長浜市の黒壁スクエアの2011年度の来街者が過去最多の243万9000人に

7.１ 日野町長選で藤澤直広が３選

7.５ JR 南草津駅の前年度の１日当たり乗降者数が４万9388人で、石山駅（大津市）を抜き初めて県内２位に

7.８ 淡水と海洋の問題を議論する「先進

陸水海洋学会」が大津市で開幕。42ヶ国から1000人以上が参加。

7.11 **大津市で2011年10月、中学２年の男子生徒が自殺し、いじめとの関連が指摘されている問題で、暴行容疑で中学校と市教育委員会を家宅捜索**

7.12 長浜市西浅井町の塩津港遺跡で平安後期の塩津港の入口と推測される護岸施設を確認したと発表

7.20 高島市朽木で県内最大級のトチノキの巨木（幹周り約８m、高さ29m）を新たに確認していたと判明

8．5 全国高校総体で米原市の伊吹高男子ホッケー部が13年ぶり２度目の優勝

8.14 豪雨で大津市関津など計58戸が浸水し、約100人が一時孤立

8.15 大津市役所の教育長室で、侵入した男が教育長の頭を金づちで殴り、現行犯逮捕

8.22 草津市が淡水真珠復興をめざし、真珠の母貝、イケチョウガイの養殖実験を柳平湖（やなぎひら）で開始

8.24 高島市の県安曇川人工河川で、産卵直前の琵琶湖産アユを放流する取り組み開始

8.30 線路に散布した農薬で東近江市など３市３町の稲が枯れたと近江鉄道が発表

9．2 高島市今津町などで県が、琵琶湖西岸断層帯を震源とする大規模地震を想定した総合防災訓練。約3500人が参加し、ヘリや船を使った輸送の訓練も

9.21 **国の文化審議会がヴォーリズ設計の旧豊郷小校舎などを登録有形文化財にするよう答申**

9.27 平清盛の寵愛を受けた白拍子・妓王ゆかりの妓王寺（野洲市）の１月以降の参拝客が１万人を突破

9.29 彦根市小野町の太鼓踊りが76年ぶりに完全復活し、八幡神社に奉納

10．1 東近江地域と愛知郡広域の両行政組合消防本部が合併して東近江行政組合消防本部に

10．4 東近江市で介護保険推進全国サミット。医療福祉関係者1000人が参加（～10.5）

10．7 野洲市長選で山仲善彰が無投票再選

10.14 ２市長選で、甲賀市は中嶋武嗣、湖南市は谷畑英吾がいずれも３選

10.21 長浜市は県内の市町単独で初めて原発事故を想定した総合防災訓練を実施。敦賀原発から30㎞圏内の同市余呉町の住民が屋内退避の訓練に参加

11．7 彦根市の犬上川に自生するタブノキ林のうち直径１m超を含む数本が県による河川改修工事で伐採されていたことが判明

11.22 **彦根市と原作者らが争っていた「ひこにゃん」訴訟で和解が成立**

11.27 **嘉田知事が衆院選に向け、脱原発を掲げた新党「日本未来の党」の結成を表明（12.16、衆院選で惨敗。12.27、党内対立で離党）**

12.16 **衆院選で自民党が４小選挙区で全勝。民主党と日本維新の会の１人ずつが比例復活**

どんな年？

漢字	**金**　大河ドラマ **平清盛**
本	**阿川佐和子『聞く力　心をひらく35のヒント』（文春新書）**
映画	**BRAVE HEARTS 海猿**
流行語	**ワイルドだろぉ、終活、爆弾低気圧**
内閣	**野田佳彦　～12.26** **安倍晋三②　12.26～**

5.22 東京スカイツリー開業

7．1 牛の生レバーの提供・販売禁止

7.27 ロンドン五輪（～8.12）

9.15 中国で尖閣諸島国有化に抗議する反日デモ、日本企業に被害

10．8 山中伸弥らがノーベル医学生理学賞受賞

11.15 習近平が中国共産党総書記に

12.16 衆議選で自民党圧勝（12.26、第２次安倍内閣発足）

平成25年 2013

●大津中２自殺「いじめが原因」、条例施行など対策（写真）
○台風18号で土砂崩れ被害
○高島でオスプレイ訓練

▼嘉田由紀子1

1. 4 **嘉田知事が政治団体「日本未来の党」代表の辞任表明**
1.22 東近江市と竜王町が「びわ湖・近江路観光圏協議会」脱会を発表
1.27 高島市長選で福井正明が初当選
1.30 米原市が原子力災害対策を加えた新地域防災計画を策定
1.31 **大津市の中学２年の男子生徒自殺問題を調査する第三者委員会が、いじめが直接的要因とする報告書**
2.15 行政や事業者、消費者団体などが、４月からのレジ袋無料配布中止を柱とする協定を締結
2.17 東近江市長選で小椋正清が初当選 ▷米原市長選で元職の平尾道雄が現職を破り４年ぶり返り咲き
2.23 信楽学園が創立60周年記念式典
2.27 甲賀市の水口岡山城跡から石垣の一部を確認したと発表
3.11 北陸新幹線の敦賀以西について県は米原ルートが有利とする案を公表
3.21 長浜市にヤンマーミュージアム開館
3.22 米原市の息郷（おきさと）小の閉校式、137年の歴史に幕。隣の醒井小に４月、２校を統合した河南（かなん）小が開校
3.23 甲良町に道の駅「せせらぎの里」が開業
3.27 列車事故の被害者への補償金の貸付などをめぐる特定調停が、信楽高原鐵道と県、甲賀市の間で成立。県と市が計約14億7300万円の債権を放棄
4. 1 大津市「子どものいじめの防止に関する条例」施行 ▷県立精神保健福祉センター（草津市）内に自殺対策拠点「自殺予防情報センター」開設 ▷信楽高原鐵道は市が鉄道施設を保有し、第三セクターが運行に専念する「上下分離方式」を導入
4. 5 **県と長浜、高島両市が、関西電力などと原子力安全協定を締結** ▷長浜城歴史博物館が開館30周年
4.21 彦根市長選で大久保貴が初当選
4.22 甲賀市水口町の広徳寺本堂が全焼
4.26 高島市が福島第１原発の事故を受け全面的に見直した地域防災計画原子力災害対策編を正式決定
4.29 彦根南中出身の桐生祥秀選手（洛南高）が男子100mで日本歴代２位の10秒01の高校新記録
5.10 賤ヶ岳合戦に黒田官兵衛が参戦したことを示す文書が見つかったと発表
5.14 愛荘町の秦荘中で2009年、柔道部員が死亡した部活動中の事故で町に賠償を命ずる判決
5.21 甲賀市が隣接する三重県伊賀、亀山の両市と政策課題に広域的に取り組む「いこか連携プロジェクト」を発足
5.29 サッカーチームMIOびわこ滋賀を東近江市がホームタウンとして支援すると発表。30日には草津市も同様の支援を発表
6.10 高島市マキノ町在原（ありはら）で茅葺（かやぶき）民家など８軒が全焼
6.27 国交省の諮問機関が沖島（近江八幡市）の離島振興対策実施地域指定を正式決定
7.20 甲賀市土山町の旧国民宿舎「かもしか荘」が全面改築され、「大河原温泉かもしか荘」としてオープン
7.21 参院選で自民党の二之湯武史が初当選。**滋賀の自民の参院選勝利は12年ぶり**
7.24 **2024年の第79回国体の滋賀県での開催が内々定。1981年のびわこ国体以来43年ぶり２度目**
8. 2 琵琶湖博物館が前年８月から飼育中のマミズクラゲの展示が１年を迎え

た。世界初の長期間展示
8. 4 大津港で環境学習船「うみのこ」就航30周年記念式典
8. 8 高島市安曇川町の上御殿遺跡から弥生中期から古墳時代前期に造られた青銅製短剣「双環柄頭短剣（そうかんつかがしらたんけん）」の鋳型が出土したと発表
8.23 大津市の大観覧車「イーゴス108」の解体、ベトナムへの移設が判明
8.26 彦根市が映画ロケを誘致する県内自治体初の専門部署「フィルムコミッション室」を開設
9.15 **台風18号の豪雨でほぼ全県に初の特別警報発令（～9.16）。栗東市の土砂崩れで死者1人。高島市で鴨川が決壊、甲賀市で信楽高原鐵道の杣川（そまがわ）鉄橋の橋脚が流された。瀬田川洗堰が41年ぶりに全閉**
9.17 高島市安曇川町の鴨川河川敷に放射性セシウムを含む大量の木材チップが無断放置されていたと発表
9.26 織田信長と対立し大坂本願寺に籠城した教如が寺から退去直前に母の如春尼へ宛てた直筆手紙発見と発表
10. 1 草津、栗東両市のコミュニティバスの一部を統合し、2市間を行き来するバスの運行開始。市境を越える統合は全国初
10. 5 野洲市で出土した日本最大の銅鐸（重文）が132年ぶりに里帰り。銅鐸博物館の開館25周年記念展で展示
10.16 **高島市の自衛隊饗庭野演習場での米海兵隊との共同訓練でオスプレイが国内の共同訓練で初使用**
10.21 愛荘町の名神高速道路に湖東三山スマートICが開設
10.22 長浜市の四居（よつい）家土蔵から小判15枚、丁銀2枚、その他金銀粒貨幣68点を発見と発表
10.23 新修彦根市史「通史編　現代」発刊中止が判明。市と対立する執筆者は刊行を求め12月に調停申し立て ▷ 守山市の人口が8万人を突破
10.24 高島市朽木の安曇川源流に残るトチノキの巨木群を自然保護団体が山林所有者から買い取ることで、伐採業者と所有者が和解
10.27 甲良町長選で北川豊昭が再選
11. 2 大津市と草津市が景観保全などに一体的に取り組む「びわこ大津草津景観推進協議会」を設立
11.15 重要文化的景観に「東草野の山村景観」（米原市）を、史跡に雪野山古墳（近江八幡市、東近江市、竜王町）を選定・指定するよう答申
11.18 **福井県の原発事故の際、放射性物質の影響で琵琶湖面の2割が飲料水基準を超える濃度となり約10日間汚染との予測結果を県が発表**
12. 7 発酵食でまちおこしを進める団体が集う「第6回全国発酵食品サミットinたかしま」が高島市で開催（～12.8）
12.22 東近江市の名神高速道路に蒲生スマートICが開設
12.26 近江大橋の通行が無料に

どんな年？

漢字	**輪**　大河ドラマ　**八重の桜**
本	**近藤誠『医者に殺されない47の心得　医療と薬を遠ざけて、元気に、長生きする方』（アスコム）**
映画	**風立ちぬ**
流行語	**今でしょ!、じぇじぇじぇ!、倍返し**
内閣	**安倍晋三②**

3.15 安倍首相がTPP交渉への参加を正式表明
6.22 富士山が世界文化遺産に登録決定
7.21 参院選、自民党圧勝で衆参のねじれ解消
8.12 高知県四万十市で国内観測史上最高41.0℃
9. 7 2020年五輪の東京開催が決定
11.18 猪瀬直樹東京都知事が辞任表明
12. 6 特定秘密保護法が成立（2014.12施行）
12.26 安倍首相が靖国神社参拝

平成26年 2014

○県内の人口が48年ぶり減少
●新知事に三日月大造
○信楽高原鐵道1年2ヶ月ぶり運行

▼嘉田由紀子②

1.16 第150回直木賞に姫野カオルコ（甲賀市出身）の「昭和の犬」が決定

1.19 黒田官兵衛博覧会が長浜市で開幕（～12.28）

2. 2 大津市の新知恩院で水晶をはめ込んだ木造釈迦涅槃像が見つかったと発表

2.14 滋賀医科大の血圧降下剤の臨床試験で解析データとカルテに不一致があった問題で、研究責任者が引責辞任

2.17 草津市が京滋の自治体で初めて全小学校にタブレット型端末を配備する事業費を予算案に計上、発表

2.23 長浜市長選で藤井勇治が再選 ▷愛荘町長選で宇野一雄が初当選

3. 6 栗東市の下鈎東・蜂屋遺跡で平安時代鋳造の「延喜通宝」と「乾元大宝」入りの緑釉陶器と灰釉（かいゆう）陶器の壺、計4点出土と発表

3. 8 多賀大社前駅で近江鉄道多賀線開業100周年記念式典

3.13 文化庁がユネスコ無形文化遺産の候補として長浜曳山祭を含む全国32件の祭りを一括提案すると発表

3.14 大津市中2いじめ自殺問題で、大津家裁が同級生2人を保護観察処分に

3.17 琵琶湖西岸断層帯が震源の震度7の地震が起きた場合、死傷者は最大約2万3000人、建物全半壊が約12万2000棟に上るとの被害想定を県が発表
▷文化庁が近江八幡市の「西の湖の葭地（よしじ）」2ヶ所を「ふるさと文化財の森」に設定すると発表

3.18 米原市「東草野の山村景観」が正式に国の重要文化的景観に

3.20 外来水生植物オオバナミズキンバイの生育地が赤野井湾（守山市）から琵琶湖南湖の広範囲に拡大していると判明、琵琶湖外来水生植物対策協議会を設立

3.21 長浜市の観音像など18体を紹介する「観音の里祈りと暮らし展」が東京芸術大大学美術館で開幕（～4.13）

3.24 県の流域治水推進条例案が県議会で可決、成立

3.30 高島市の県立朽木いきものふれあいの里が閉館

4.25 琵琶湖の課題研究から対策立案までを各機関で分野横断的に進める県の「琵琶湖環境研究推進機構」が発足

5. 1 伊吹山で自然環境保全のための入山協力金の試験徴収を開始（～11.30）

5. 4 県指定無形民俗文化財の「茶わん祭」が長浜市余呉町上丹生で5年ぶりに

5.13 滋賀、三重両県の6市2町の首長が観光や経済での連携を探る「鈴鹿山麓無限∞会議」が東近江市で

5.15 前年9月の台風18号豪雨による土砂崩れに遭った高島市朽木の水路式発電所「栃生（とちう）発電所」の運転を再開

5.16 国の文化審議会が大津市の聖衆来迎（しょうじゅらいこう）寺の本堂など3棟を重要文化財に指定するよう答申

5.26 彦根総合運動場が2024年国体の主会場に正式決定

6.11 高島市環境センターがダイオキシン類濃度の基準値を超えた煤塵データを改竄し、神戸沖の処分場へ搬入していたことが判明

6.20 国の文化審議会が長浜市西浅井町の「菅浦の湖岸集落景観」を重要文化的景観に選定するよう答申（10.6選定）

7. 7 大津市の延暦寺大霊園隣接地の残土処分場に市の許可を超える土砂が搬入された問題で公害調停が成立

7.10 野洲市がインターネット上の有料イラストを無断で市の情報誌に掲載し、

約30万円を請求されていることが判明

7.13 **知事選で元民主党衆院議員の三日月大造が初当選**

7.18 国の文化審議会が滋賀県庁舎本館を登録有形文化財にするよう答申

7.20 高島市の近江今津駅などでJR湖西線開通40周年記念行事

7.26 東近江市の気温が38.8℃に達するなど、県内4ヶ所で観測史上最高を記録

8.15 翌日にかけ豪雨。大津市北小松で24時間降水量が203.5㎜と8月の観測史上最大。長浜市など77戸が床上浸水

9.14 彦根城が初めて夜間に一般公開

9.17 大津市伊香立の「びわこサイエンスパーク」開発エリアを、競走馬育成牧場の運営会社などが取得したと判明

9.25 **高島市の汚染木くず問題で、廃棄物処理法違反と河川法違反の疑いで東京都の会社社長を逮捕**

9.26 高島市本庁舎の位置を今津町から新旭町に変更する条例改正案を市議会が否決

9.28 琵琶湖大橋で開通50周年記念式典

10. 1 高島市の特産物を集めた「市観光物産プラザ」がJR新旭駅前にオープン

10.11 竜王町綾戸の苗村神社で33年ぶりに式年大祭

10.17 国の文化審議会が大津市の三尾神社本殿を重要文化財に指定するよう答申

11. 4 **人口推計が48年ぶりに減少**、県が「人口減少の局面に入った」との見解

11. 6 県と県土地開発公社が「滋賀竜王工業団地」の分譲を開始

11.12 高島市内の中学校で5月、男子生徒が転落した事故の調査報告で「長期的ないじめが直接的原因」と推定

11.13 天台宗の渡邊惠進・前座主が104歳で死去

11.21 **国の文化審議会が高島市勝野の「大溝の水辺景観」を重要文化的景観に選定するよう答申**。ヴォーリズ建築の「旧今津郵便局」(高島市)、「旧滋賀銀行甲南支店」(甲賀市)など3件を登録有形文化財にするよう答申

11.27 滋賀や京都の住民らが福井県の原発再稼働差し止めを求めた仮処分を大津地裁が却下

11.28 新修彦根市史「通史編　現代」の刊行中止をめぐる彦根市と執筆者グループの民事調停が成立　▷彦根市で「全国城サミット」

11.29 **前年9月の台風18号で被災した信楽高原鐵道が約1年2ヶ月ぶり全線運行再開**　▷天台宗の延暦寺、天台寺門宗の三井寺(園城寺)、天台真盛宗の西教寺の3総本山が、延暦寺で初の合同法要

12. 6 大型商業施設「イオンタウン湖南」が湖南市岩根に全面オープン

12.14 衆院選で県内4選挙区を自民党候補が独占。1、2区の民主党候補が比例復活

12.17 大型商業施設「ピエリ守山」がリニューアルオープン

12.19 東近江市の躰光寺川に重油2500ℓが流出、大同川や伊庭内湖にも被害

どんな年？

漢字	**税**　大河ドラマ **軍師官兵衛**
本	**槙孝子『長生きしたけりゃふくらはぎをもみなさい』(アスコム)**
映画	**アナと雪の女王**
流行語	**ダメよ〜ダメダメ**
内閣	**安倍晋三[2]　〜12.24** **安倍晋三[3]　12.24〜**

3. 7 大阪市に「あべのハルカス」全面開業

4. 1 消費税5%から8%に引き上げ

4.16 韓国客船セウォル号沈没、死者不明304人

6.21 「富岡製糸場と絹産業遺産群」が世界文化遺産に

7. 2 理研STAP細胞不正認定で論文撤回

10. 7 青色LED開発で、赤崎勇、天野浩、中村修二にノーベル物理学賞

11.27 「和紙　日本の手漉和紙技術」が無形文化遺産に

平成27年 2015

●琵琶湖保全再生法が成立（写真）
○東近江市の大凧落下で男性死亡
○大津いじめ訴訟で遺族と市が和解

▼三日月大造①

1. 1　大雪により大津—京都市間の国道1号で約50台が立ち往生。強制撤去できる改正災害対策基本法を県内初適用

1.15　大津市中心部のまちおこし会社「百町物語」の発会式（4.26、誘致8店が一斉開店）

1.16　県内最大のブラジル人学校「日本ラチーノ学院」が東近江市甲津畑に移転、開校　▷国の文化審議会が「近江甲賀の前挽鋸製造用具及び製品」を重要有形民俗文化財に指定するよう答申

1.22　彦根市の松原内湖遺跡で織田信長の佐和山城攻めの際の城郭遺構を確認したと県文化財保護協会が発表

1.25　守山市長選で宮本和宏が無投票再選

2. 6　県警が県内市町に65歳以上の高齢者の氏名や住所などの個人情報提供を求め、7市が応じたと判明。提供は約10万人分　▷県の新しい水質実験調査船「びわかぜ」竣工

2.19　愛荘町議会が旧愛知郡役所の保存の是非を問う住民投票条例案を否決

3. 2　長浜市の旅館「浜湖月」の本館全焼　▷滋賀銀行頭取を11年間務めた元滋賀経団連会長の高田紘一が死去

3.12　佐和山城で使用した石垣と瓦片を彦根城で確認したと彦根市教委が発表

3.13　甲賀市の鮎河小が4月から休校と市教委が発表。保護者の要望を受け新入生含む全児童16人が土山小へ転校

3.14　3月末で休校となる米原市の東草野中で卒業式。高島市でも28日に今津西小、29日にマキノ北小の閉校式

3.17　**大津市中2年いじめ自殺について、遺族が同市と同級生らに損害賠償を求めた訴訟で、遺族と市が和解**　▷県立新生美術館の設計コンペでSANAAが最優秀提案者に選ばれたと県が公表

3.24　彦根藩井伊家歴代当主らの甲冑と伝わる25領が県指定文化財に

3.28　大津市と京都市を結ぶ琵琶湖疏水で観光船の試験運航が開始

4.12　**県議選で自民党が4年ぶりに過半数割れ。**民主党を含むチームしがも後退し、共産党は議席回復。公明党は維持　**▷高島市本庁舎の位置を問う住民投票で、新旭庁舎の増改築案が今津町での新築案を大きく上回る**（4.27、市議会は新旭町に変更する条例案を三たび否決。11.11、仮の本庁舎である新旭庁舎の増改築は違法として今津町民らが公金支出差し止めを求め提訴）

4.16　トンボ分布調査で県レッドリストの絶滅危惧種3種に絶滅した恐れがあると判明

4.24　**文化庁が「琵琶湖とその水辺景観—祈りと暮らしの水遺産」などを日本遺産に認定**

4.26　豊郷町長選で伊藤定勉が3選

4.28　関西広域連合が県と京都府南部を活動地域とするドクターヘリ運航開始

5. 4　徳川家康の位牌を安置する彦根市の宗安寺で豊臣・徳川方双方の初法要

5.15　国の文化審議会が高島市朽木小川の思子淵神社を重要文化財に指定するよう答申

5.20　彦根城外堀土塁約23mが銭湯旧敷地内でほぼ原形をとどめていると発表

5.21　大津祭の巡行の全体像を描いた最古の印刷物「大津よし七版四宮祭礼摺物」発見

5.31　**東近江大凧まつりで100畳敷大凧が観客席に落下。1人死亡、3人負傷**

6. 6　滋賀県立大で開学20周年記念式典

6.13 米原市で「ほたるサミット」。全国6市町長らがパネル討論

6.14 「びわ湖トライアスロン in 近江八幡」初開催。417人が出場

6.15 守山市の中山道沿いの「今宿一里塚」を生かしたまちづくり協議会設立

7. 2 愛知川左岸の土位遺跡で江戸後期以前の石積護岸堤防が見つかったと県教委が発表

7. 4 淡水真珠復活をめざす草津市志那町住民が母貝から初めて本格的に採取

7.10 彦根市で「井伊直弼公生誕200年祭」が開幕（～12.23）

7.16 高島市の自衛隊饗庭野演習場で発射され民家の屋根を貫通した銃弾発見

7.20 大津市で安保関連法案の衆院通過に抗議し廃案を訴えるデモ。1300人超が参加

7.27 知名度アップへ県名変更を問う県民アンケートで「変える必要なし」が8割

7.28 全国高校総合文化祭（びわこ総文）開幕。13市22部門に約2万人（～8.1）

8. 2 大津市で37.5℃、甲賀市土山町で36.6℃と観測史上最高タイの暑さ。米原市では史上最高の35.9℃

8. 4 大津市の湖西道路和邇ICに道の駅「妹子の郷」が開業

8. 5 全国高校総体で米原市の伊吹高男子ホッケー部が3年ぶり3度目の優勝

8.19 武藤貴也衆院議員が、知人と未公開株の出資金返還をめぐりトラブルになっていると週刊誌で報道され、自民党を離党

8.28 嘉田由紀子前知事の選挙母体「対話でつなごう滋賀の会」が解散

8.29 プロバスケットボールの滋賀レイクスターズが2016年秋開幕の新リーグ1部に参入決定

9.16 琵琶湖保全再生法が成立

9.18 甲賀市の県立陶芸の森で展示中の作品「顔」が岡本太郎制作のオリジナルの可能性と信楽焼振興協議会が発表

9.26 佐和山城跡で西の丸と伝わる曲輪から建物跡を確認と彦根市教委が発表

10. 9 県とびわこビジターズビューローが全国初の「虹予報」開始

10.10 東近江市蓼畑町の国道421号沿いに道の駅「奥永源寺渓流の里」が開業

10.21 比叡山無動寺谷明王堂で千日回峰行者の釜堀浩元が満行

10.25 米原市で山城跡の活用策を考える「全国山城サミット」

10.31 県と京セラなど設置の県内最大の太陽光発電所が草津市矢橋町に完成

11. 4 長浜城跡沖の琵琶湖底で江戸時代後期とみられる木造建築の柱8本を確認と、滋賀県立大のグループが発表

11.12 彦根市の稲部・稲部西遺跡で、弥生時代後期後半から古墳時代前期の竪穴住居が100棟以上見つかり、彦根市教委が発表

12.10 長浜市西浅井町の塩津港遺跡から平安時代後期の木造船の部材出土と県文化財保護協会が発表

12.14 核兵器廃絶を訴え続けた天台座主の半田孝淳が死去

12.19 高島市勝野の大溝城遺跡で築城時の石垣を確認、東西規模58mと判明

どんな年？

漢字	安　大河ドラマ　花燃ゆ
本	又吉直樹『火花』（文藝春秋）
映画	ジュラシック・ワールド
流行語	爆買い、トリプルスリー、ドローン
内閣	安倍晋三3

3.14 北陸新幹線高崎―金沢間が開業

4. 9 天皇皇后がパラオで戦没者慰霊

4.25 ネパールでM7.8の地震

9.10 関東、東北で記録的豪雨

9.19 安全保障関連法が成立

10. 5 ノーベル医学生理学賞に大村智、物理学賞に梶田隆章

11.13 パリで同時多発テロ。130人死亡

平成28年 2016

●高浜原発3・4号機の運転差し止め（写真）
○長浜曳山祭がユネスコ無形文化遺産に登録決定
○リオ五輪・パラリンピックで滋賀勢活躍

1.15 国の文化審議会が「大津祭の曳山行事」を重要無形民俗文化財に指定するよう答申（3.2決定）

1.17 **大津市長選で越直美が再選**

1.25 県と関西電力が高浜原発に関する原子力安全協定を締結。再稼働時の同意権など立地自治体並みの権限は盛り込まれず

1.29 滋賀など12都府県に残る朝鮮通信使関連資料のユネスコ「世界の記憶」への申請正式決定

2. 2 甲良町税務課職員が町税を着服した疑いが明らかに。のちに被害額3000万円以上と判明し刑事告訴

2.21 草津市長選で橋川渉が3選

2.25 米の食味ランキングで県開発の「みずかがみ」「秋の詩」が県産米初の特Aに

3. 9 **高浜原発3・4号機の運転禁止を滋賀県の住民が申し立てた仮処分で大津地裁が運転差し止め決定。関電は10日、3号機を運転停止。仮処分決定で稼働中の原発停止は全国初**

3.13 多賀町長選で久保久良が3選

3.19 名神高速道路の栗東IC―菩提寺PA間に栗東湖南ICが利用開始

3.24 佐和山城の徹底破壊の痕跡を確認と彦根市教委が発表

4. 1 琵琶湖大橋の通行料が普通車150円、軽自動車100円へ値下げ

4. 8 長浜高と長浜北高が統合された長浜北高（新校）、彦根西高と彦根翔陽高が統合された彦根翔西館高のそれぞれで開校式

4.11 草津市の老上西（おいかみにし）小の開校式。児童数増による小学校新設は県内で6年ぶり

4.25 彦根市立図書館が開館100周年

5.14 信楽高原鐵道とJR西日本の事故から25年を迎え、甲賀市の現場近くで法要

5.20 国の文化審議会が「彦根市河原町芹町地区」を重要伝統的建造物群保存地区に選定するよう答申（7.25、正式選定）

5.24 ゲンゴロウが県レッドデータブック2015で「絶滅種」に

5.31 湖南市を筆頭株主とする県内初の官民連携の新電力会社こなんウルトラパワー設立

6.16 米原市議会が、4庁舎を統合した新庁舎をJR米原駅東口に建設する計画にともない、庁舎の位置を変更する条例改正案を可決

6.19 竜王町長選で西田秀治が初当選

6.20 **長浜市・高時川上流の丹生ダム建設を国交省が中止と決定** ▷JR大津駅に隣接する平和堂の商業施設「アル・プラザ大津」が閉店

6.28 日野町長選で藤澤直広が無投票4選

6.30 **国交省近畿地方整備局が大津市の大（だい）戸（ど）川ダム計画について「継続が妥当」と表明。本体工事の当面凍結は維持（8.25、国交省正式決定）**

7. 1 **草津市の烏丸半島のハス群生が姿を消し、市が原因を調査。10月、枯れ葉などの堆積で土壌の酸素が不足したとの見解** ▷石田三成の重臣、嶋左近の書状発見を東大史料編纂所と長浜城歴史博物館が発表

7. 5 「観音の里の祈りとくらし展Ⅱ」が東京芸術大大学美術館で開幕（～8.7）

7.10 **参院選滋賀選挙区で自民党新人の小鑓隆史が初当選。**野党統一候補として3選をめざした民進党現職の林久美子ら2人を破った

7.14 琵琶湖博物館が第1期のリニューアルオープン ▷多賀町立博物館が同町四手で約180万年前のワニの歯の化

石出土と発表

8.14 高島市朽木古屋で六斎念仏踊り(滋賀県選択無形民俗文化財)が4年ぶりに復活

8.16 リオ五輪シンクロのデュエットで乾友紀子選手(近江八幡市)らが銅メダル。乾選手は19日のチームでも銅に

8.17 大津市の生源寺での最澄生誕1250年記念の御誕生会に日吉大社の神輿1基が渡御。御誕生会での神輿渡御は戦後初

8.19 **リオ五輪陸上男子400mリレーで桐生祥秀選手(彦根市出身)らが銀メダル**

8.27 高浜原発事故を想定し、国と滋賀県、京都府、福井県、兵庫県などが初の大規模訓練

8.31 大津パルコが撤退、大阪市の総合不動産業アーク不動産への譲渡を発表。地元経済界に波紋

9. 6 今夏の琵琶湖でのアオコ発生日数が計32日と年間過去最多になったと県が発表

9.12 **リオ・パラリンピック競泳男子50m自由形(視覚障害)で木村敬一選手(栗東市出身)が銀メダル。木村選手は100mバタフライで銀、同平泳ぎと同自由形で銅とメダル4つを獲得**

9.29 草津宿本陣で幕末に皇女和宮(かずのみや)らが滞在した際の間取り絵図が見つかったと草津宿街道交流館が発表

10. 1 **JR大津駅ビルが大規模改修され複合商業施設「ビエラ大津」としてリニューアル** ▷国道421号の佐目子谷(さめこだに)橋(東近江市佐目町)が開通

10. 9 湖南市長選で谷畑英吾が無投票4選 ▷国体のホッケー成年男子で滋賀が35年ぶり優勝 ▷高島市の地酒や発酵食品を味わえる「近江高島 かもす家」が京都市にオープン

10.16 甲賀市長選で4選を阻んで元衆院議員の岩永裕貴が初当選

10.17 彦根市教委が稲部遺跡から古墳前期の超大型建物跡と弥生末〜古墳初頭の鍛冶工房群とみられる竪穴建物跡が出土と発表

10.23 野洲市長選で山仲善彰が3選

10.29 地域伝統芸能全国大会「日本の祭り in ながはま」開幕(〜10.30)

10.30 県と高島市が大飯原発(福井県おおい町)の緊急事態を想定した防災訓練

11.20 琵琶湖の固有種ビワマスを使った丼が東京都で開かれた魚料理のコンテストで日本一に

11.24 草津市教委が黒土遺跡から奈良時代の大規模な掘立柱建物跡を発見と発表

12. 1 **ユネスコ無形文化遺産に「長浜曳山祭の曳山行事」が全国33件の「山・鉾・屋台行事」の一つとして登録決定**

12.18 野洲市の希望が丘文化公園で全国中学駅伝。県内開催は17年ぶり

12.20 **北陸新幹線の敦賀以西ルートについて米原ルート不採用。**与党のプロジェクトチームが小浜京都ルートを正式決定 ▷高島市新旭町の綾羽工業高島工場から出火。1棟約1万2300㎡が全焼

どんな年?

漢字	**金** 大河ドラマ **真田丸**
本	**石原慎太郎『天才』(幻冬舎)**
映画	**君の名は。**
流行語	**神ってる、聖地巡礼、ゲス不倫、PPAP**
内閣	**安倍晋三[3]**

1. 4 マイナンバー制度開始
3.29 安保関連法が施行。集団的自衛権の行使可能に
4.14 熊本地震。14日と16日に震度7
5.26 伊勢志摩サミット(〜5.27)
5.27 オバマ米大統領、現職初の広島訪問
6.24 英の国民投票、EU「離脱」が過半数
8. 8 天皇、生前退位の意向にじむ表明
10. 3 ノーベル医学生理学賞に大隅良典
11. 8 米大統領選で共和党のトランプ当選

平成29年 2017

●桐生祥秀選手が100m 日本初９秒台（写真）
○湖東病院事件、元看護助手の再審決定
○衆院選で自民が全勝

▼三日月大造 1

1.21 国内最大級のバラ生産温室が守山市に完成
1.23 北部を中心に大雪で交通混乱
1.29 東近江市長選で小椋正清が無投票再選 ▷高島市長選で福井正明が再選
2. 7 滋賀県内の大学教授らが「軍学共同反対滋賀連絡会」の設立総会
2.19 米原市長選で平尾道雄が３選
2.26 琵琶湖の固有種のホンモロコの精子の元となる細胞から精子を作製することに立命館大教授らが成功
3. 8 愛荘町議会が町内通勤・通学者に投票権を与える住民投票条例案を可決
3.18 彦根市で「国宝・彦根城築城410年祭」開幕（～12.10）。（6.4、航空自衛隊のブルーインパルス飛来）
3.22 バレーボール女子日本代表で五輪に４大会連続出場した東レの木村沙織選手が引退会見
3.31 大津市の瀬田高が瀬田工に併合される形で閉校
4. 1 大津市の県立近代美術館が休館 ▷旧草津川の一部を公園化した「草津川跡地公園」がオープン
4. 3 国立環境研究所琵琶湖分室が大津市の滋賀県琵琶湖環境科学研究センター内に開所
4. 5 滋賀大入学式に新設された国内初のデータサイエンス学部１期生も出席
4.23 彦根市長選で大久保貴が再選
4.28 日本遺産に「忍びの里伊賀・甲賀」と「きっと恋する六古窯」が認定
5. 9 大津市の県埋蔵文化財センターから出火、木製文化財35点など焼失
5.11 甲賀市信楽町のMIHO MUSEUMの入館者が250万人を突破
5.15 大津市議会議長に仲野弘子。県庁所在地で市長、議長とも女性は全国初
5.31 草津市が前年夏に烏丸半島で消滅したハスに関する調査結果を発表。土質の変化による粘土層の消失やメタンガス濃度の上昇などが原因
6. 1 プロ野球楽天の則本昂大投手（八幡商—三重中京大）が７試合連続２桁奪三振のプロ新記録。８日にも12奪三振で８試合連続に更新
6. 4 カヤックと自転車、登山を組み合わせたスポーツ大会「SEE TO SUMMIT」が東近江市で県内初開催
6.13 甲良町議会が北川豊昭町長の不信任決議案を否決
6.24 **「琵琶湖周航の歌」100周年**を記念し、旧制三高水上部（現京都大ボート部）ＯＢらが琵琶湖一周（～6.27）
6.28 **高島市議会が本庁舎の位置を今津町から新旭町に変更する条例改正案を可決**
7. 2 減少を続けてきたカワウが今春、９年ぶりに増加に転じていたことが判明
7. 3 日本貿易機構ジェトロ滋賀貿易情報センターが彦根商議所内に開設
7.24 ハンガリーで開催の水泳世界選手権において女子200m 個人メドレーで大橋悠依選手（彦根東中—草津東高）が日本新記録を出して銀メダル
7.28 住民グループが直接請求した近江八幡市新庁舎整備計画の是非を問う住民投票条例案を同市議会が否決
7.30 昨年度の県内自治体への「ふるさと納税」が募集経費を差し引くと実収入は15億円余りで総額の半額と判明
7.31 33年ぶりに大相撲草津場所
8. 8 台風５号の大雨で長浜市の姉川が氾濫。住宅地に流れ込み住民が避難

▷全国高校野球の開幕戦で彦根東が甲子園初勝利

8.17 琵琶湖博物館の入館者が1000万人を突破

8.22 全国中学体育大会の陸上男子400mリレーで双葉中（米原市）が中学新記録で優勝

8.23 アユの記録的不漁で、例年より10t多い18tの親魚放流を高島市の安曇川人工河川で開始

8.28 県立新生美術館の建設工事の入札でいずれも予定価格を超えたため落札業者なし（予定の2020年春オープンは絶望的）

8.31 大型商業施設「大津パルコ」閉店、20年の歴史に幕

9. 3 大津市のびわ湖バレイでロープウェイが停止、山頂に約700人が一時取り残された

9. 9 陸上男子の桐生祥秀選手（彦根市出身）が100mで9秒98の日本新記録

9.11 彦根市が桐生選手に市民栄誉賞特別賞授与決定。水泳の大橋悠依選手にも18日に市民栄誉賞

9.16 水上スポーツ、ウェイクボード世界大会の最終戦が近江八幡市の琵琶湖で開幕（～9.18）

9.18 延暦寺善住院の釜堀浩元住職が「千日回峰行」を終えた。記録が残る比叡山焼き打ち以降51人目で戦後14人目

9.27 高島市と関西電力が高浜原発に関す協定を締結

10.22 **衆院選の滋賀4選挙区で自民全勝。**5市議選で新議員103人が決定 ▷台風21号で湖西線の電線のコンクリート支柱9本が倒れ、24日まで運休。湖南市の市道が約17mにわたり陥没

10.29 東京日本橋に滋賀県のアンテナショップ「ここ滋賀」オープン ▷甲良町長選で野瀬喜久男が初当選

10.31 **「朝鮮通信使に関する記録」がユネスコ「世界の記憶」に登録。善隣外交に尽くした儒学者・雨森芳洲の出生地・長浜市で祝賀行事など相次ぐ**

11. 1 大津市が無料通信アプリ「LINE（ライン）」でいじめ相談受付開始

11. 8 大津市の住宅地、晴嵐台（せいらんだい）で予約型乗り合いタクシーの実証実験開始

11.11 国交省が自動運転バス実証実験を東近江市で開始

11.19 JR安土駅の新駅舎が利用開始

11.26 **野洲市が計画する市民病院整備の是非を問う住民投票で投票率が過半数に届かず不成立**

12.13 2015年の統計データで男性の平均寿命が81.78歳と初の全国トップ。女性は4位

12.20 **東近江市の湖東記念病院で2003年、患者の人工呼吸器を外して死亡させたとして殺人罪に問われ、服役した元看護助手の再審請求を大阪高裁が認める決定** ▷甲賀市の紫香楽宮関連遺跡に近い東山遺跡で34ヶ所の柱穴跡の列が見つかったと発表。宮殿か大仏造立関連施設の可能性

12.22 野洲市議会で市民病院の関連予算案が5度目の提案で可決

どんな年？

漢字	**北**　大河ドラマ **おんな城主 直虎**
本	**佐藤愛子『九十歳。何がめでたい』（小学館）**
映画	**美女と野獣**
流行語	**インスタ映え、忖度、フェイクニュース**
内閣	**安倍晋三[3]　～11.1** **安倍晋三[4]　11.1～**

2. 8 森友学園への国有地売却で不透明さ浮上

2.12 北朝鮮が弾道ミサイル発射。以後断続的に

2.24 プレミアム・フライデー実施

3.10 韓国の朴大統領罷免（3.31、逮捕）

6. 1 郵便はがき52円から62円に値上げ

10.22 衆院選、自公で3分の2維持、立憲民主党が野党第1党に

11.14 首相側近関与疑惑の加計学園獣医学部新設認可

平成30年 2018

●彦根市の交番で警官が同僚を射殺（写真）
○高島市で自衛隊が砲弾誤射
○日野町事件の再審が決定

▼三日月大造 1

1.19 **甲賀市が前年10月の衆院選滋賀４区の開票作業で不正処理をした職員５人を懲戒免職などの処分と発表** ▷国の文化審議会が「琵琶湖の漁労用具及び船大工用具」を登録有形民俗文化財に登録するよう答申
1.20 東近江市の百済寺で幻の銘酒「百済寺樽」が444年ぶり復活、蔵出し
1.24 彦根市役所本庁舎の耐震補強・増築工事の契約で裏契約があったと発表
1.26 **選抜高校野球大会に近江、彦根東、膳所の滋賀勢が初の３校出場決定**
1.27 琵琶湖博物館で国際湖沼環境委員会の設立30周年記念シンポジウム
2.14 野洲市の永原御殿跡から本丸内の部屋「古御殿」跡など出土と発表
2.18 高島市のアンテナショップ「近江高島かもす家」（京都市）閉店
2.25 長浜市長選で藤井勇治が３選 ▷愛荘町長選で有村国知が初当選
3. 1 2021年全国植樹祭の開催候補地に甲賀市の市営公園「鹿深夢の森」選出
3.11 **県の環境学習船として35年にわたって運航した初代「うみのこ」が引退（6.14、２代目が出航）**
3.24 野洲市の兵主大社が、大津市の日吉大社で150年ぶり山王祭へ奉献
4. 1 守山市から社会福祉法人に経営移行された「済生会守山市民病院」開所式
4.11 **彦根市の河瀬駅前交番で男性巡査が巡査部長を射殺**
4.15 近江八幡市長選で元衆院議員の小西理が現職を破って初当選
4.20 2019年ラグビーＷ杯日本大会の１次リーグ公認キャンプ地に大津市など52件内定
4.21 アイドルグループ「ももいろクローバーZ」が東近江市で野外ライブ（～ 4.22）
5.13 大津市が初の原子力防災訓練
5.18 国の文化審議会が長浜市の「中村家住宅」を重文に指定するよう答申
5.23 草津市の榊差遺跡で日本最古の「獣脚」の鋳型が出土と発表
5.24 日本遺産「琵琶湖とその水辺景観」に「守山の湧水とホタル」など７件が追加認定
5.27 「ＳＬ北びわこ号」として活躍した蒸気機関車「C56」が本線で最終運行
6. 8 草津市の水生植物公園みずの森でヤマサキカズラの開花を確認。国内初
6.15 国の文化審議会が東近江市の「伊庭内湖の農村景観」を重要文化的景観に選定するよう答申
6.18 大阪北部地震で県内３人けが
6.22 厳冬で甲賀市内の茶葉収穫量が前年比8.6％減、41年ぶりの広域被害に
6.24 **知事選で三日月大造が再選**
6.29 **米原市で風速約65㎞の竜巻が発生し屋根瓦が飛ぶなど被害140棟以上**
7. 5 西日本豪雨。７日まで記録的大雨
7.11 **日野町事件で無期懲役服役中に病死した元受刑者遺族の２回目の再審請求審で大津地裁が再審開始を決定**
7.14 東近江市名誉市民の日本画家・中路融人の遺作230点を遺族が市に寄付
7.19 サッカー日本代表・乾貴士選手（近江八幡市出身）に、市民栄誉賞と県サッカー協会特別賞、県民スポーツ大賞特別賞

▼三日月大造 2 7・20～

7.25 三日月知事が新生美術館の計画を凍結することを表明 ▷大津市の日本電気硝子の77年製テレビブラウン管ガラス製造装置などが機械遺産に
7.27 14日連続の猛暑日、最長記録を更新
7.28 全国高校小倉百人一首かるた選手権で膳所高が団体戦準優勝

8. 1 愛荘町の観光施設「愛知川ふれあい本陣」オープン

8. 2 甲賀市の農家が栽培した茶が関西茶品評会普通煎茶部門で1～4位独占

8.13 大津市で史上最高の38℃を観測

8.17 国内で57年ぶりとなる新種のナマズを発見したと琵琶湖博物館が発表

8.20 副知事に前内閣官房内閣参事官の由布和嘉子が就任

8.26 大飯、高浜原発の同時事故を想定した国の原子力総合防災訓練

8.27 雇用率水増し問題で県と県教委が障害者手帳を持たない職員24人算定と発表 ▷今季の琵琶湖の活アユ出荷量が88ｔ、過去5年平均の8割に

9. 4 台風21号の強風で高島市マキノ町海津の料亭「湖里庵（こりあん）」が全壊

9. 5 台風21号で県内死者1人(のち計2人)、負傷者60人超

9. 7 県と米ミシガン州の姉妹提携50周年記念式典が同州デトロイトで開催

9.15 大津市内10社寺の「湖信会」結成60年記念の神仏合同祈願とコンサート

9.17 県酒造組合主催の試飲会「滋賀地酒の祭典」が東京都内で初開催

9.22 10周年を迎えた野外音楽イベント「イナズマロックフェス」開幕(～9.24)

9.30 台風24号で死者、重傷者各1人

10. 1 琵琶湖と島を描いた滋賀県版「ご当地ナンバープレート」の交付開始

10. 6 甲賀市の櫟野寺（らくやじ）で本尊・十一面観世音菩薩坐像(重文)33年ぶり大開帳

10.10 大溝城跡で本丸と二の丸をつなぐ土橋とみられる遺構を発見したと高島市教委が発表

10.12 草津市立図書館と南草津図書館がICタグ管理システム。県内初の全面活用

10.21 栗東市長選で野村昌弘が無投票3選

10.23 彦根市で世界の城郭について議論する「ICOFORT 国際会議2018」が開幕

11. 1 栗東市の蜂屋遺跡から法隆寺とその周辺以外にはない軒瓦が出土と発表 ▷守山市立図書館が新装オープン

11. 3 競技かるた初の国別対抗団体戦が大津市の近江神宮で開催

11. 7 湖南市図書館がスマホなどから利用できる県内初の電子図書館を開設

11. 9 近江八幡市で静岡県富士宮市との「夫婦都市」50周年式典

11.14 高島市の自衛隊饗庭野演習場から発射された迫撃砲弾が国道近くに落下、民間車両を損壊

11.23 栗東市初の広報大使に漫画家の森田まさのり、リオ・パラリンピック代表の近藤寛子選手

11.29 三日月知事が現行計画に基づく新生美術館整備の断念を表明

12. 2 巨岩の尾根を走る「第1回近江湖南アルプストレイルラン」開催

12. 6 草津市が烏丸半島東側のハス群落「早期再生は困難」と発表

12.10 国天然記念物のウツクシマツ自生地(湖南市)で枯死被害が深刻化

12.17 琵琶湖の外来魚の推定生息量が722ｔと、過去10年で最少と県が発表

どんな年？

漢字	**災** 大河ドラマ **西郷どん**
本	**吉野源三郎・羽賀翔一『君たちはどう生きるか』(マガジンハウス)**
映画	**ボヘミアン・ラプソディ**
流行語	**そだねー、ボーっと生きてんじゃねーよ!**
内閣	**安倍晋三[4]**

4.27 南北首脳会談で朝鮮半島の非核化めざす宣言

5.19 カンヌ映画祭で「万引き家族」最高賞

6.12 史上初の米朝首脳会談で半島非核化声明に調印

7. 7 西日本で記録的大雨。220人超死亡

7.23 災害並み猛暑、埼玉県熊谷市で41.1℃

9. 6 北海道で震度7の地震、全道停電

9. 8 テニス全米オープンで大坂なおみ優勝

10. 1 ノーベル医学賞に本庶佑

11.19 日産ゴーン会長ら逮捕

12.30 米を除くTTP発効

平成31年 2019

○彦根警官射殺事件で懲役22年確定
○県議選で自民影響力減、チームしが躍進
●彦根市議会が予算案否決で混乱（写真：編集部撮影）

▼三日月大造[2]

1. 4　野瀬喜久男甲良町長が選挙公報虚偽記載などで混乱を招いたとして辞職
1.26　1979年の野洲川改修から通水40周年を記念するイベントが守山市で　▷米原市の大野木長寿村まちづくり会に地域再生大賞のブロック賞
1.29　県気候変動適応センターが県庁内に開設。全国で２例目
1.30　大津地裁で彦根警官射殺事件の初公判（2.8、裁判員裁判の判決が懲役22年とされ、検察・被告とも控訴しなかったため確定）
1.31　米原市が2022年開業をめざす米原駅東口まちづくり基本計画を発表
2. 1　琵琶湖大橋のETC運用開始
2. 4　自衛隊と米海兵隊が饗庭野演習場で日米共同訓練（～2.15）。2013年に続きオスプレイも参加
2. 6　異分野で琵琶湖保全に取り組む企業、NPO、大学が交流を深める「琵琶湖サポーターズ・ネットワーク」を県が発足　▷彦根市は本庁舎耐震化途中までの工費を15億3400万円と確定する民事調停案について業者と同意したと発表
2. 8　国の文化審議会が大津市の農村で使用された「田上（たなかみ）の衣生活資料」を登録有形民俗文化財とするよう答申
3.13　JR膳所駅の北駅前広場が完成
3.15　戦前に彦根市出身のカナダ移民らが在籍した野球チームを2014年に再結成したバンクーバー朝日軍が来日し、旧チームの子孫と交流
3.18　長浜市の冨田酒造とダイコウ醤油の主屋が国の登録有形文化財に登録
3.20　彦根市が市庁舎耐震工事などによる財政難を理由に花火大会など恒例イベントを取りやめる方針の予算案を市議会が否決。大久保貴市長に対する不信任決議も不成立（6.19、花火大会など復活予算案を可決）
3.23　草津市の国道１号のトンネル跡地に旧東海道をつなぐ草津宿橋が完成　▷大津市京町通で電線地中化舗装工事終了、「東海道みちびらき」式典
3.27　草津市が烏丸半島の未利用地（約９ha）を５億1400万円で取得したと発表　▷琵琶湖の水質測定のため湖上に設置されている「南湖湖心局」の撤去作業開始
3.29　2017年の衆院選開票作業で白票を水増しした甲賀市幹部３人を起訴
4. 8　県議選で自民党が３議席減の19人、チームしが９人が全員当選。公明党２議席維持、共産党１議席増の４議席、立憲民主党３議席
4. 9　プロバスケットボールの滋賀レイクスターズにB1ライセンスを交付
4.16　事業が凍結されていた大津市の大戸（だいど）川ダムについて、三日月知事が建設を容認する方針を表明
4.20　野洲市の三宅東遺跡から縄文後期の土偶と石棒が出土したと発表
4.21　豊郷町長選で伊藤定勉が４選

どんな年？

大河ドラマ	いだてん～東京オリムピック噺～
内閣	安倍晋三[4]

1.26　テニス全豪オープンで大坂なおみアジア勢初優勝。４大大会２連勝
2.27　ハノイで２度目の米朝首脳会談。合意に至らず（～2.28）
3.21　米大リーグ・イチローが引退表明

資料

平成の大合併

推移グラフ

総人口と世帯数
観光入込客数
用途別平均地価
県民所得

市町別統計

平成の大合併　合併前

平成初日　平成元年（1989）１月８日時点

50市町村（７市42町１村）

甲賀市

平成16年10月1日
旧水口町、土山町、
甲賀町、甲南町、信楽町

野洲市

平成16年10月1日
旧中主町、野洲町

湖南市

平成16年10月1日
旧石部町、甲西町

高島市

平成17年1月1日
旧マキノ町、今津町、
朽木村、安曇川町、
高島町、新旭町

東近江市

平成17年2月11日
旧八日市市、永源寺町、
五個荘町、愛東町、湖東町
平成18年1月1日
東近江市、旧蒲生町、能登川町

平成の大合併　合併後

30年後　平成31年（2019）1月8日時点

19市町　（13市6町）

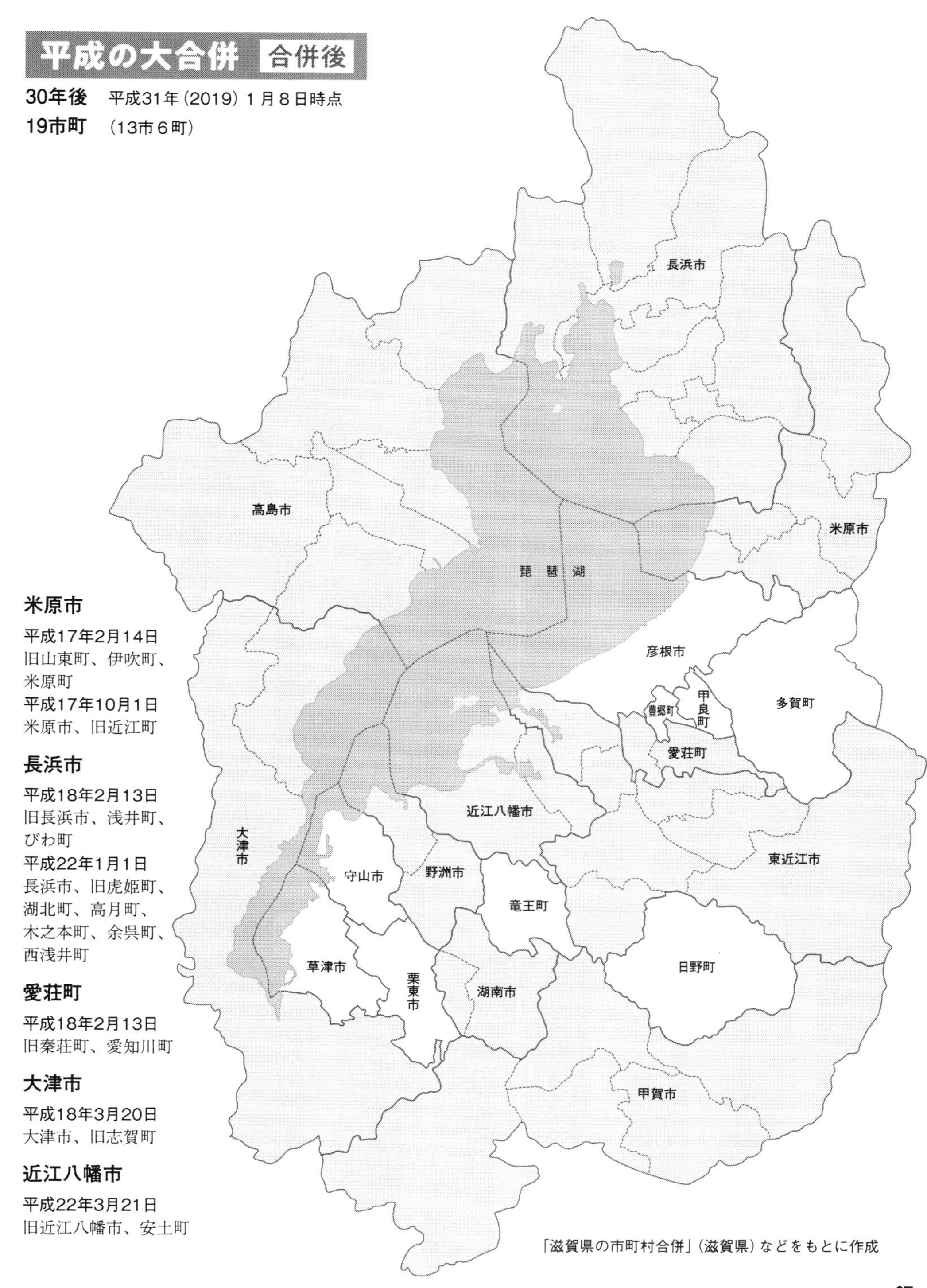

米原市

平成17年2月14日
旧山東町、伊吹町、米原町

平成17年10月1日
米原市、旧近江町

長浜市

平成18年2月13日
旧長浜市、浅井町、びわ町

平成22年1月1日
長浜市、旧虎姫町、湖北町、高月町、木之本町、余呉町、西浅井町

愛荘町

平成18年2月13日
旧秦荘町、愛知川町

大津市

平成18年3月20日
大津市、旧志賀町

近江八幡市

平成22年3月21日
旧近江八幡市、安土町

「滋賀県の市町村合併」（滋賀県）などをもとに作成

滋賀県の総人口と世帯数の推移

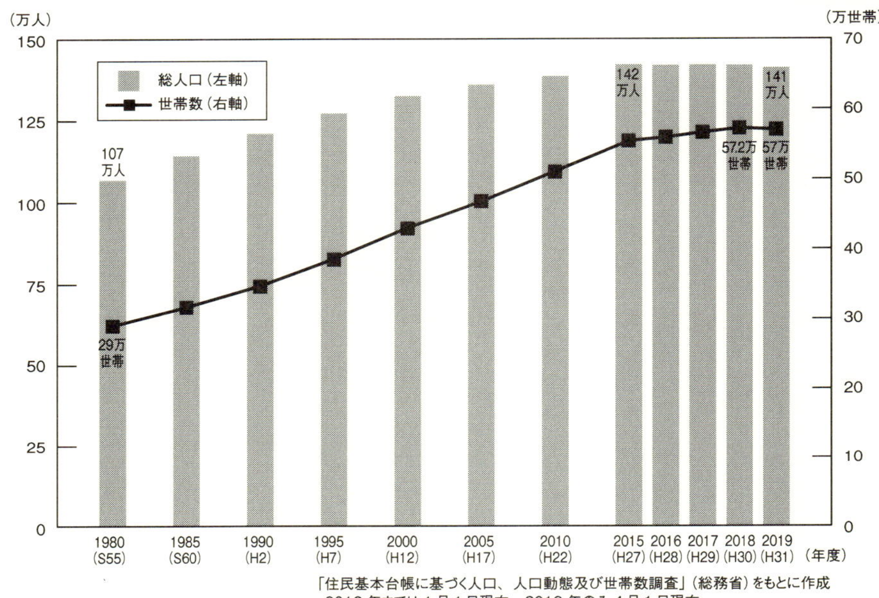

「住民基本台帳に基づく人口、人口動態及び世帯数調査」（総務省）をもとに作成
2018 年までは 1 月 1 日現在、2019 年のみ 4 月 1 日現在

滋賀県の観光入込客数の推移

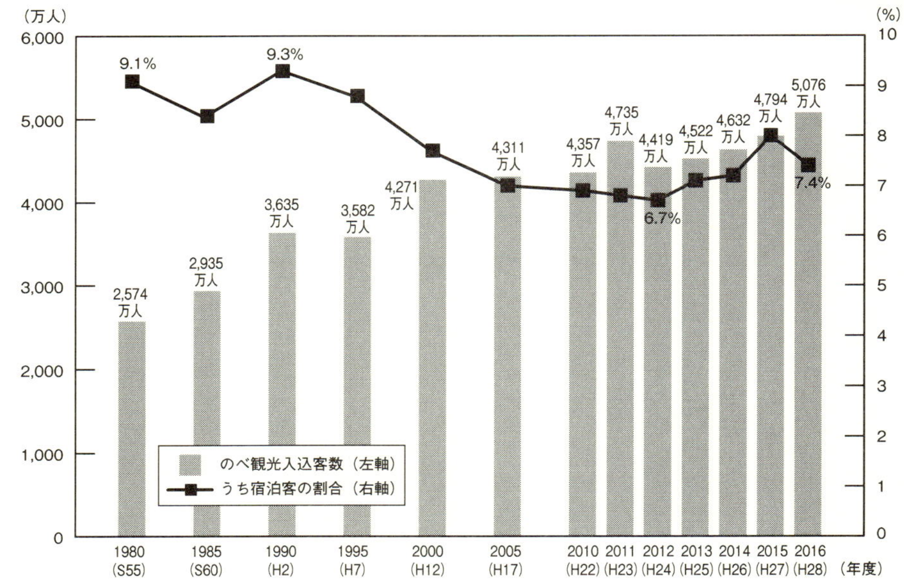

「平成 28 年滋賀県観光入込客統計調査書」（滋賀県）をもとに作成

滋賀県の用途別平均地価の推移

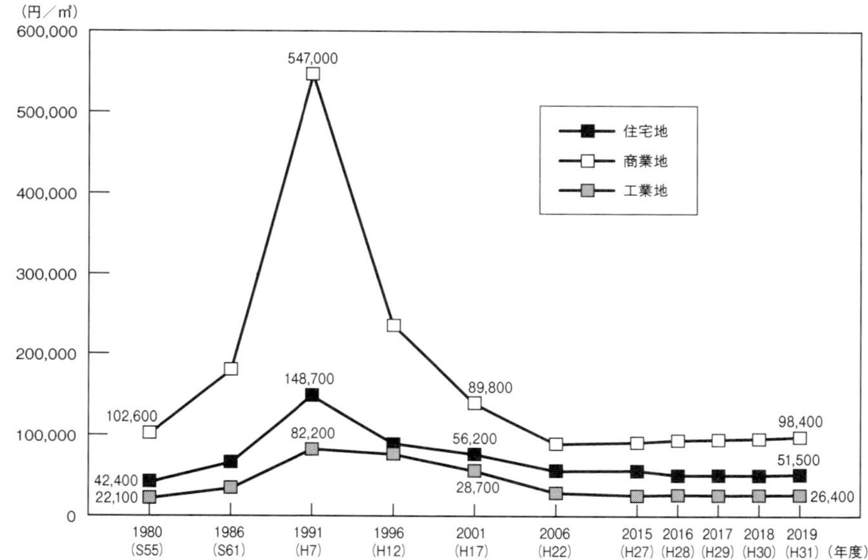

「平成 31 年地価公示に見る滋賀県の地価の概要について」（滋賀県）をもとに作成

滋賀県の県民所得

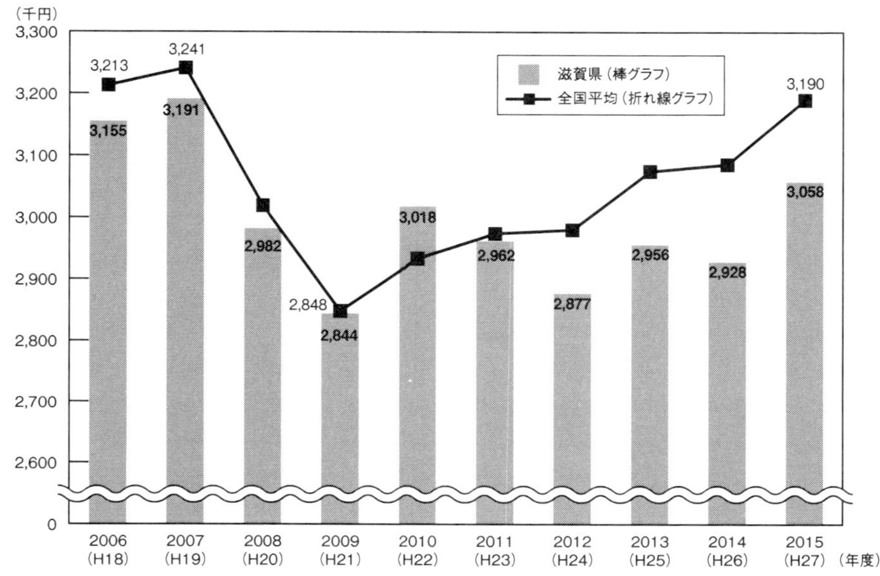

「県民経済計算（平成 18 年度 － 平成 27 年度）」（内閣府）をもとに作成
県民所得を人口一人当たり換算したもの

滋賀県市町別統計

市町	面積（㎢）	（内）琵琶湖（㎢）	人口 総人口（人）	男（人）	女（人）	0～14歳	15～64歳	65歳以上	選挙人名簿登録者数（人）
県計	**※ 4017.38**	**669.26**	**1,412,956**	**697,288**	**715,668**	**198,959**	**846,499**	**353,629**	**1,152,164**
市部計	**※ 3660.07**	**669.26**	**1,337,013**	**659,476**	**677,537**	**188,143**	**802,227**	**333,014**	**1,090,012**
大津市	464.51	89.91	341,187	164,682	176,505	46,915	204,000	87,342	281,950
彦根市	196.87	98.59	113,733	56,308	57,425	15,452	69,459	27,385	91,860
長浜市	681.02	141.42	116,358	56,833	59,525	15,341	66,959	32,028	96,224
近江八幡市	177.45	76.03	81,311	39,857	41,454	11,602	47,478	21,769	67,044
草津市	67.82	19.17	139,822	71,563	68,259	19,944	88,137	28,651	107,671
守山市	55.74	10.16	81,443	39,956	41,487	13,700	49,028	17,357	65,446
栗東市	52.69	−	67,919	33,798	34,121	11,923	43,366	12,516	54,233
甲賀市	481.62	−	89,865	44,561	45,304	11,903	53,415	24,112	73,701
野洲市	80.14	19.58	50,224	24,873	25,351	7,284	29,708	12,580	41,639
湖南市	70.4	−	54,410	28,251	26,159	7,504	34,057	12,451	43,585
高島市	693.05	181.93	48,637	23,759	24,878	5,505	26,592	16,449	41,853
東近江市	388.37	5.15	113,677	56,438	57,239	16,001	67,717	29,465	92,238
米原市	※ 250.39	27.32	38,427	18,597	19,830	5,069	22,311	10,909	32,568
郡部計	**357.32**	**−**	**75,943**	**37,812**	**38,131**	**10,816**	**44,272**	**20,615**	**62,152**
蒲生郡日野町	117.6	−	21,447	10,746	10,701	2,710	12,408	6,219	17,744
蒲生郡竜王町	44.55	−	12,173	6,331	5,842	1,609	7,414	3,141	10,000
愛知郡愛荘町	37.97	−	20,926	10,439	10,487	3,586	12,633	4,628	16,348
犬上郡豊郷町	7.8	−	7,395	3,574	3,821	1,125	4,197	2,039	5,848
犬上郡甲良町	13.63	−	6,762	3,260	3,502	848	3,798	2,110	5,899
犬上郡多賀町	135.77	−	7,240	3,462	3,778	938	3,822	2,478	6,313
調査年・資料出典	平成30年10月1日現在 全国都道府県市区町村別面積調査（国土地理院）		平成29年10月１日現在 滋賀県推計人口年報（統計課）						平成31年3月１日現在（市町振興課）

※は境界未定のため参考値

市　町	人口動態						
	外国人人口（人）	出生（人）	死亡（人）	転入		転出	
				県内（人）	県外（人）	県内（人）	県外（人）
県　計	**24,469**	**11,577**	**13,457**	**20,368**	**35,523**	**20,368**	**33,718**
市部計	**22,991**	**10,988**	**12,500**	**18,893**	**34,190**	**18,650**	**32,484**
大津市	3,378	2,615	3,166	2,954	9,795	2,604	9,293
彦根市	2,019	958	1,055	1,703	3,705	1,640	3,411
長浜市	2,733	924	1,365	968	2,250	1,144	2,373
近江八幡市	1,218	688	795	1,318	1,622	1,241	1,519
草津市	2,091	1,197	954	2,634	4,703	2,431	4,044
守山市	832	779	633	1,586	1,900	1,402	1,663
栗東市	1,108	822	418	1,995	1,753	1,881	1,709
甲賀市	2,725	663	934	1,188	1,945	1,244	1,923
野洲市	458	445	456	910	1,103	935	1,168
湖南市	2,660	414	397	1,120	1,595	1,241	1,472
高島市	392	276	642	357	896	481	1,113
東近江市	2,930	913	1,233	1,664	2,265	1,773	2,208
米原市	447	294	452	496	658	633	588
郡部計	**1,478**	**589**	**957**	**1,475**	**1,333**	**1,718**	**1,234**
蒲生郡日野町	436	169	302	363	362	498	304
蒲生郡竜王町	126	75	119	192	300	262	276
愛知郡愛荘町	782	196	216	471	446	551	371
犬上郡豊郷町	58	55	96	197	102	177	120
犬上郡甲良町	42	39	107	77	41	137	63
犬上郡多賀町	34	55	117	175	82	93	100
調査年・資料出典	平成29年10月～平成30年９月 滋賀県推計人口年報 （統計課）						

年表写真　京都新聞掲載の報道写真（本文中に記載のあるものを除く）

表紙写真　**表**：滋賀県地図（滋賀県生きもの総合調査委員会編『滋賀県で大切にすべき野生生物　滋賀県レッドデータブック2015年版』掲載分をもとに作成）

裏：琵琶湖空撮（びわこビジターズビューロー提供）

参考文献

中村政則、森武麿編『年表　昭和・平成史　1926-2011』岩波ブックレット、2012
歴史学研究会編『日本史年表　第5版』岩波書店、2017
信濃毎日新聞社出版部編『長野県平成年表　1989-2019』信濃毎日新聞社、2019
「滋賀県民手帳　2019年」滋賀県統計協会、2019

滋賀の平成年表 1989-2019

2019年7月10日　初版発行

編　者　サンライズ出版
協　力　京都新聞社
発行所　サンライズ出版株式会社
〒522-0004　滋賀県彦根市鳥居本町655-1
電話 0749-22-0627　　FAX 0749-23-7720
印刷・製本　サンライズ出版

ISBN978-4-88325-661-7 C0036